DIE STORY DER

BMW MOTORRÄDER

ROBERT CROUCHER

DIE STORY DER BMW MOTORRÄDER

ROBERT CROUCHER

MOTORBUCH VERLAG STUTTGART

Einband und Schutzumschlag: Siegfried Horn
unter Verwendung des englischen Originalumschlags

Die englische Ausgabe erschien unter dem Titel › The Story of BMW Motor Cycles ‹
bei Patrick Stephens, Cambridge/Großbritannien

Bildautoren: AFN Ltd. The Aldington Collection 7; Al-Machahid 1; BMW 81; Phil Brunsden 1; Alf Cook, MLG 1; Croucher 3; Vincent Davey 1; E. C. P. Armeés 1; Václav Hamsik 2; Chris Kitts 1; Krauser 2; Motor Cycle Weekly 2; Volker Rauch 4; Smee's Advertising Ltd. 1; Thames Vally Police 1; Ralph Walker 1; Jock West 1.

Die Übersetzung ins Deutsche besorgte
Hildegard Seyler-Rauch

ISBN 3 – 87943 – 972 – 9

1. Auflage 1983

Eine Abteilung des Buch- und Verlagshauses Paul Pietsch GmbH & Co. KG.

Satz und Druck: Präzis-Druck GmbH, 7500 Karlsruhe.
Bindung: Großbuchbinderei E. Riethmüller, 7000 Stuttgart 1.
Printed in Germany.

Inhalt

Vorwort 6

1. BMW-Geschichte in Stichworten 7

2. Ein Konzept entsteht 15

3. Der Aufbau des BMW-Image 23

4. BMW — die optimale Fahrmaschine 32

5. Die BMW-Behörden-Maschinen 46

6. BMW — die optimale Tourenmaschine 53

7. BMW — die optimale Sportmaschine 61

8. BMW-Weltrekorde und Sporterfolge 74

9. Die Bayerischen Motoren-Werke 88

10. Wie die BMW-Motorräder entstehen 97

11. BMW International 105

12. Betreuung durch das BMW-Händlernetz 111

13. Die BMW von morgen 115

Anhang: 60 Jahre BMW-Modellgeschichte 121

Vorwort

Die Geschichte der BMW-Motorräder ist nicht einfach zu erzählen. Die notwendige Ausführlichkeit und das Eingehen auf vielerlei Details bergen die Gefahr in sich, daß eine solche Story zu einer langweiligen Aufzählung alter Namen und bekannter Daten wird. Wie alle Historien ist auch die von BMW eine Interpretation von Realitäten und eine Auswertung von Quellen. Das Haus BMW blickt auf eine mehr als sechzigjährige, ungeheuer reichhaltige Vergangenheit zurück; die Schwierigkeit war deshalb nicht, genügend Interessantes zu finden, als vielmehr die Entscheidung, was unerwähnt bleiben mußte.

Auch die Tatsache, daß mein Blickwinkel aus dem Ausland kommt und ich eine andere Sprache spreche, machte die Aufgabe nicht leichter; so mag es sein, daß meine Geschichte etwas „britischbelastet“ ist.

Jedenfalls war es meine Absicht, die BMW-Geschichte soweit wie möglich aufgrund von Informationen aus erster Hand zu schildern. Mein Bemühen war es dabei, Fakten und Erinnerungen von Leuten, die selbst dabei waren, in Übereinstimmung zu bringen. Meine BMW-Story sollte eine Zusammenfassung von Fakten, Anekdoten, Erzählungen und historischen Daten sein. Es wäre sicher vermessen zu behaupten, sie wäre vollständig — doch hoffe ich, mit ihr Interesse zu wecken, Informationen zu vermitteln und meinen Lesern Freude zu machen.

Robert Croucher

Die BMW-Geschichte in Stichworten

1896 Heinrich Ehrhard gründet die „Fahrzeugfabrik Eisenach AG“ und stellt dort Fahrräder und Elektrofahrzeuge her.

1900 Das Eisenacher Werk baut mit französischer Lizenz den Decauville-Wagen, der nach der dortgelegenen geschichtsträchtigen „Wartburg“ benannt wird.

1911 Gustav Otto, Sohn von Nikolaus August Otto, dem Erfinder des Otto-Motors, gründet eine Flugzeugfabrik in der Lerchenauerstraße, nahe beim Münchner Flugplatz Oberwiesenfeld.

1913 Karl Rapp gründet in München die „Rapp-Motorenwerke GmbH“ und beginnt mit dem Bau von Flugmotoren.

1914 Die Fahrzeugfabrik Eisenach baut Militär-Lastfahrzeuge.

1916 Karl Rapp gründet unter der technischen Assistenz von Dipl.-Ing. Max Friz die „Bayerische Flugzeugwerke AG“ und stellt dort Flugmotoren für den militärischen Einsatz her. Unter anderem werden die Motoren in der Einheit des legendären Barons Manfred von Richthofen geflogen.

1917 BFW produziert das 500. Triebwerk und fusioniert mit der „Gustav Otto Flugmaschinenfabrik“ unter der neuen Firmenbezeichnung „Bayerische Motoren-Werke GmbH“.

1918 Am 13. August wird die Firma in eine Aktiengesellschaft umgewandelt. Die BMW-AG arbeitet mit 3 500 Arbeitern und einem Stammkapital von 12 Millionen Reichsmark. Einer der Hauptaktionäre ist der Wiener Bankier Camillo Castiglione; als Generaldirektor fungiert Karl Popp, ein österreichischer Flieger-Offizier mit beträchtlicher Erfahrung in der Entwicklung von Flugmotoren.

1919 BMW hat einen Sechszylinder-Hochleistungs-Flugmotor mit 250 PS entwickelt, dessen Produktion der Versailler Vertrag jedoch verbietet. Trotzdem setzt Franz Diemer ein solches Triebwerk, den MK IV-Motor, bei einem Höhenflug-Rekord ein, bei dem er im Juni 9 760 Meter erreicht.
Um überleben zu können, baut man bei BMW nun Luftdruckbremsen für die Bahn, landwirtschaftliches Gerät und Gußteile für andere Hersteller.

1920 BMW produziert einen Lastwagenmotor mit 45 bzw. 60 PS, sowie einen Bootsmotor. Daneben läuft die Entwicklung eines Leichtmotorrads mit einem Zweitaktmotor von 148 cm^3 Hubraum, das als „Flink“ auf den Markt kommt: Vorläufer der späteren Mopeds.

1921 BMW beginnt mit der Herstellung des Bayern-Kleinmotors, dem Typ M2B15. Der Zweizylinder-Boxermotor hat 6,5 PS und wird an verschiedene Motorradhersteller in Deutschland verkauft, die ihn unter ihrem Firmennamen einbauen, wie die Viktoria-Werke in Nürnberg.
Ein Großteil der Kapazität bei BMW gehört nach wie vor Herstellung von Luftdruck-Bremsanlagen; Hauptaktionär ist inzwischen die Knorr-Bremsen AG.
Im alten Otto-Werk beginnt die Produktion des Flottweg-Leichtmotorrads.
Die Fahrzeugfabrik Eisenach wird von der Gothaer Waggonfabrik AG übernommen.

1922 BMW baut ein Motorrad mit Boxermotor, die „Helios“, bei dem das Triebwerk nicht quer im Rahmen sitzt, sondern längs. BMW kauft die Werksanlagen der Bayerischen Flugzeugwerke in der Lerchenauerstraße für 75 Millionen Reichsmark.

1923 BMW beginnt mit dem Bau der von Dipl.-Ing. Friz entwickelten R32 und stellt das neue Modell auf der Pariser Ausstellung aus.

1924 Die Restriktionen zur Drosselung der deutschen Produktion von Flugmotoren werden gelockert; BMW beginnt mit dem Bau eines Sechszylinder-Triebwerks mit 310 PS.
Die zweite Serie des R32-Motorrads erhält u. a. vorn eine Trommelbremse.
Das Werk beschäftigt wieder 1 200 Mitarbeiter.

1925 BMW stellt das Modell R3 mit 250 cm^3 vor, sowie als neues „Top-Modell“ die von Dipl.-Ing. Rudolf Schleicher entwickelte R37 mit 500^3-OHV-Motor.
BMW-Motorräder gewinnen in diesem Jahr über hundert Wettbewerbe, einschließlich des Großen Preises von Deutschland.
Flugmotoren von BMW halten inzwischen 28 Weltrekorde bei Geschwindigkeits-, Weit-, Höhen- und Dauerflügen.

Modell R 37

1926 Der Gesamtumsatz von BMW erreicht 9 Millionen RM. Der Leiter der Motorrad-Entwicklungsabteilung, Dipl.-Ing. Rudolf Schleicher, erringt bei den Internationalen Six Days in England eine Goldmedaille. Der erste BMW-Kompressor-Motor erscheint im Rennsport.
BMW produziert den MK VI, einen Flugmotor mit 12 Zylindern in V-Form; er wird das erfolgreichste flüssigkeitsgekühlte Modell des Hauses und wird bis 1939 gebaut.

1927 Die Eisenacher Fabrik wird vom Shapiro-Konzern übernommen und beginnt mit dem Lizenz-Bau des Austin 7-Automobils.
Der BMW-Umsatz steigt auf 17 Millionen RM, die Zahl der Mitarbeiter auf 1 500.
Das erste BMW-Motorrad mit einem 750 cm^3-Motor erscheint, die R62 mit 18 PS. Bis jetzt verkaufte BMW 25 000 Zweiräder.

1928 BMW kauft die Fahrzeugwerke Eisenach für 2,2 Millionen RM und beginnt nun selbst mit dem Bau von Automobilen, zuerst mit dem zweisitzigen Dixi, der BMW-Version des britischen Austin 7. Auf der Lohnliste stehen nun 2 630 Mitarbeiter. Die erste R63 wird gebaut, ein Motorrad mit OHV-750 cm^3-Triebwerk. BMW erhält die Lizenz zum Bau der amerikanischen Pratt & Whitney-Flugmotoren.

1929 Die Anhebung der Automobil-Produktion bringt BMW in finanzielle Schwierigkeiten. Die Zahl der Mitarbeiter steigt auf 3 860. Ernst Henne stellt auf der Avus in Berlin und einem Autobahnstück bei München eine Reihe neuer Motorrad-Geschwindigkeitsrekorde auf. Zusammen mit Paul Köppen gewinnt er die berüchtigte Targa Florio in Sizilien. Die 750 cm^3-R11 erscheint erstmals mit Preßstahl-Rahmen. Die gesamte Motorradproduktion in Deutschland beträgt 195 686 Stück — der Anteil von BMW daran ungefähr fünf Prozent.

1930 BMW-Flugmotoren werden bis nach Rußland und Japan verkauft; der 1 000. MK VI wird ausgeliefert. Die Weltwirtschaft erlebt eine tiefe Krise; in Deutschland wüten Inflation und Massenarbeitslosigkeit. BMW baut ein Motorrad mit nur 198 cm^3, das den Vorteil hat, nicht versteuert werden zu müssen und dessen Lenker keine Fahrprüfung ablegen muß. BMW gewinnt mit dem Dixi die 750 cm^3-Klasse der Rallye Monte Carlo.

1931 Strikte Limitierungen des Geldflusses lassen dem Werk mit nun 2 930 Arbeitnehmern nur eine geringe Überlebenschance. Bankschulden in Höhe von vier Millionen RM sind zu begleichen. Ein Dornier-Flugzeug mit BMW-Triebwerk legt bei einem Flug um die Welt in 234 Flugstunden 44 000 km zurück. BMW-Motorräder stellen sieben neue Weltrekorde auf und schrauben die Marke für das schnellste Seitenwagengespann auf 190,83 km/h. Beginn der Produktion eines neuen Auto-Modells mit Vierzylindermotor und 20 PS.

1932 Ein Umatz von 19 Millionen Reichsmark ist die niedrigste Ziffer seit 1928. Die Zahl der Arbeitnehmer sinkt auf 2 800. Die Reichswehr kauft das R4-Modell mit 400 cm^3.

1933 Unter der neuen Regierung entfällt die Kraftfahrzeugsteuer, auch für Motorräder — die Folge ist ein Kauf-Boom in Deutschland.
In Ungarn schraubt Ernst Henne den Weltrekord mit einem BMW-750 cm^3-Motorrad auf 244,39 km/h. BMW geht mit dem ersten firmeneigen entwickelten Auto, dem AM4, in Produktion.
Das berühmteste Flugzeug der dreißiger Jahre, die Ju 52 mit BMW-Motor, fliegt die ersten Einsätze. BMW beginnt bei der Sechstagefahrt in Wales eine lange Reihe von Erfolgen bei den internationalen Sixdays-Wettbewerben. Die Umsatzhöhe

Modell R 63

Modell R 11

BMW Sportwagen 328

steigt auf 32 Millionen RM, die Zahl der Arbeiter auf 4 720. Die erste Sechszylinder-Limousine mit dem berühmten nierenförmigen Kühlergrill entsteht.

1934 Mit 12 576 BMW-Beschäftigten erreicht der Gesamtumsatz 82 Millionen Reichsmark. Beträchtliche Investitionen in den Werken Eisenach und München zur Steigerung der Flugmotoren-Produktion.
Ernst Henne verbessert den Geschwindigkeits-Weltrekord für Motorräder auf 246,049 km/h. Als Werksfahrer erringt er mit der R4 bei der Sechstagefahrt in Garmisch-Partenkirchen eine Goldmedaille.

1935 Vorstellung der R12, die zum beliebtesten Modell der Vorkriegszeit wird. Die Maschine besitzt als erstes Serienmotorrad eine Telegabel. Auf einem Autobahnstück in der Nähe Frankfurts erreicht Ernst Henne auf einer BMW die neue Rekordmarke von 256,046 km/h. Mit 11 113 Beschäftigten klettert der Jahresumsatz auf 128 Millionen RM.

1936 Am 12. Oktober erreicht Ernst Henne mit einer Kompressor-BMW mit Verkleidung 272 km/h Geschwindigkeit. Das Reichs-Luftfahrt-Ministerium erteilt BMW den Zuschlag für die Lieferung des 1 500 PS starken Sternmotors. Erste Auslieferung des neuen Automobil-Modells 326 mit Zweiliter-Sechszylindermotor und Einzelradaufhängung vorn. Der 326 wird der erfolgreichste Wagen der dreißiger Jahre und beeinflußt das Styling seiner Nachfolger bis in die Zeit nach dem Krieg. Im Werk Eisenach werden auch leichte Geschütze für die Wehrmacht gebaut.

1937 Der Wagentyp 328 leistet 80 PS und läuft 145 km/h. Die Zahl der Beschäftigten beträgt nun 14 000, der Umsatz 143 Millionen RM. Henne stellt mit 279,503 km/h neuen Rekord auf, der 14 Jahre lang ungebrochen bleibt. Jock West gewinnt auf einer Kompressor-BMW den Ulster GP in Irland.

1938 Das 100 000. BMW-Motorrad rollt vom Band. Die jährliche Motorradgesamtproduktion in Deutschland beträgt 327 580 Stück, der Anteil BMWs daran zirka zehn Prozent. Das neue Modell R51 ist mit Geradweg-Hinterradfederung ausgerüstet. Georg Meier wird Europameister, und West gewinnt abermals den Ulster-Grand Prix. Im Wagensport gewinnt ein BMW 328 die Mille Miglia in Italien. Mit 18 624 Beschäftigten wird ein Umsatz von 180 Millionen RM erzielt.

1939 Der Umsatz steigt auf 275 Millionen, die Zahl der Arbeiter auf 26 919. Georg Meier siegt als erster Nicht-Brite bei der Senior-Tourist Trophy auf der Isle of Man. Der Kriegsausbruch stoppt die gesamte Produktion aller zivil genutzten Fahrzeuge. In Berlin-Brandenburg läuft eine zusätzliche Produktion für Flugmotoren an.

1940 Baubeginn des R75-Wehrmachts-Gespanns, mit dem ganze Batallione in Nordafrika und an der Ostfront ausgerüstet werden. BMW siegt wieder

Modell R 71

bei der Mille Miglia. Seit fünf Jahren beherrschen BMW-Sportfahrzeuge die europäischen Rennstrecken. BMW beschäftigt nun 30 000 Arbeiter. Die Focke-Wulf 190 mit dem BMW-Motor 801 erreicht 660 km/h.

1941 35 419 Mitarbeiter stehen bei BMW im Lohn; der Umsatz erreicht 385 Millionen Reichsmark. Der Bau des letzten BMW-Motorrads mit Seitenventilmotor endet mit der auslaufenden Produktion der R71. In Vorbereitung ist die Serienherstellung des ersten Düsentriebwerks der Welt.

1942 Im Januar scheidet BMWs erster Generaldirektor, Karl Popp, aus der Firma aus. BMW beschäftigt 47 346 Leute.

1943 Beginn der Serienproduktion des Strahltriebwerks 109-003 für Flugzeuge mit 800 kp Schub. Am 10. März wird das Münchner Werk bombardiert.

1944 Neuerliche Bombardierung der Fabrik am 13. Juni und nochmals am 11. Juli. Bei BMW arbeiten noch 30 400 Leute.

1945 Durch die Bombardierung ist ein Drittel des Werkes zerstört. Die amerikanischen Streitkräfte besetzen München; die gesamten Fertigungsanlagen des BMW-Werks in Allach werden konfisziert, ebenso eine Spezial-Versuchseinrichtung für Höhenflugmotoren, die das Bombardement überstanden hatte. Das Werk Eisenach übernehmen die Sowjets. Im September wird mit der Herstellung von Fahrradteilen, Kochtöpfen, Bäckereigeräten und Landmaschinen begonnen.

1946 Die sowjetische Militärregierung ordnet in Eisenach die Herstellung kleinerer Stückzahlen des R35-Motorrads an. BMW München baut für die amerikanischen Streitkräfte Militärfahrzeuge und stellt daneben Haushalts- und Bäckereigeräte her. BMW erhält die Erlaubnis für den Bau von 100 R23-Maschinen und 21 000 Fahrrädern. 1 800 Werktätige arbeiten wieder bei BMW. Die Gesamtproduktion deutscher Motorräder wird auf 1 445 Maschinen festgelegt. Georg Meier setzt seine Siegesfahrten mit dem Kompressor-Motorrad fort.

1947 Meier gehört zum Veritas-Team und wird mit der BMW deutscher Meister.

1948 BMW darf wieder Motorräder herstellen und stellt auf dem Genfer Salon die einzylindrige R24 vor.

1949 Aus Teilen, die den Krieg überstanden, entstehen bei BMW 9 450 Motorräder.

1950 Vorstellung der ersten Nachkriegs-Zweizylindermaschine, der R51/2. Die Produktion steigt auf 17 000 Stück; insgesamt werden in Deutschland 29 900 Motorräder hergestellt, das sind fast ebenso viele wie vor dem Krieg. BMW startet den Export in die USA und nach Großbritannien.

1951 Vorstellung der R51/3 und eines neuen schweren Modells, der 600er R67. Auf dem Frankfurter Automobil-Salon präsentiert BMW sein erstes Nachkriegs-Modell, den Typ 501. Es existiert allerdings zunächst nur ein einziges, von Hand ge-

Modell R 51/2

fertigtes Exemplar, das auf dem BMW-Stand zu besichtigen ist.

1952 Vorstellung der R68, die als das schnellste Motorrad deutscher Produktion gilt. Zirka 20 Prozent der Zweizylindermaschinen von BMW gehen in den Export in über 30 Länder.

1953 Die Nachkriegs-Verkaufszahlen für Motorräder erreichen 100 000 Einheiten. BMW bringt die R25/3 mit neuer Telegabel. Der jährliche Ausstoß von Motorrädern erreicht 29 000 Stück, doch zeigen sich in den schweren Hubraumklassen Anzeichen eines Rückgangs.

1954 BMWs Marketing-Strategie gerät ins Wanken. Einerseits bietet man den teueren 503-Achtzylinder an, andererseits soll die Isetta verkauft werden, die mit dem Einzylinder-Motorradmotor bestückt ist. Mit der 500er Rennsport, die auch speziell für den Einsatz mit Seitenwagen geeignet ist, gelingt BMW ein einzigartiger Triumph: 19mal hintereinander sichert sich BMW die Gespann-Weltmeisterschaft.

1955 Vorstellung der R26 mit Vollschwingen-Rahmen und voll gekapseltem Kardanantrieb. Mit der R50 konzipiert BMW eine Maschine speziell für die Polizei. Der im Renneinsatz bewährte RS-Rahmen wird für alle Serienmodelle übernommen, außerdem werden alle Maschinen nun mit der neuartigen Langarmschwingen-Vordergabel ausgerüstet, die zwölf Jahre lang in Produktion bleiben soll.

1956—
1958 Der Motorradverkauf stagniert. BMW stellt 1956 nur 15 500 Stück her, 1957 sinkt die Zahl auf 5 400. Der 600er BMW, eine vergrößerte Version der Isetta, wird kein Erfolg. Es ist die Rede vom Zusammengehen mit Daimler-Benz, Zündapp oder auch Glas in Dingolfing. 1957 stellt Steib in Nürnberg den Bau seiner Seitenwagen ein.

1959 Das Krisenjahr für BMW. Der Jahres-Geschäftsbericht weist rote Zahlen auf. Die Initiative von Großaktionär Dr. Herbert Quandt rettet die Firma und verschafft ihr neue Bankkredite. BMW bringt zudem mit dem kleinen sportlichen 700er ein Auto auf den Markt, das ein großer Verkaufsschlager wird und BMW wieder Profite einbringt. Das Allacher Flugmotorenwerk wird an MAN verkauft. Der Umsatz beträgt 117 Millionen DM; die Lohnliste weist 6 000 Mann Belegschaft aus.

1960 Das Tourenmotorrad erfährt in der S-Version eine Leistungssteigerung. Mit der R27 bringt BMW das letzte Einzylindermodell heraus; es bleibt noch sieben Jahre in Produktion. Die R69 wird mit hydraulischem Lenkungsdämpfer ausgerüstet.

1961 In Montlhéry bei Paris stellt eine R69S neue Dauerrekorde über 12 und 24 Stunden auf.

1962—
1963 Die Motorrad-Produktion bewegt sich bei 7 000 Stück pro Jahr. Die R69S bewährt sich als erfolgreiche Produktions-Rennmaschine und bei Wettbewerben über Marathondistanzen.

Modell R 69

1964 BMW schreibt wieder schwarze Zahlen. Die Autos der „Neuen Klasse", von Michelotti gestylte Limousinen mit 1500, 1600 und 1800 cm^3, werden ein Erfolg. BMW-Generaldirektor Karl-Heinz Sonne stellt sein neues Kosten-Nutzen-Konzept vor, das ein massives Investitionsprogramm einläutet. Hans-Günther v. d. Marwitz kommt von Porsche als neuer Motorrad-Entwicklungschef zu BMW.

1965 Zum Jahresende schließt BMW mit einem Umsatz von 593 Millionen DM den Geschäftsbericht ab; die Zahl der Mitarbeiter steigt auf 12 000.

1966 BMW übernimmt die Sportwagenfabrik Hans Glas GmbH in Dingolfing. BMW eröffnet in Südafrika eine Produktionsstätte. Es entsteht BMW Australia Pty sowie eine Endmontageanlage in Uruguay.

1967 BMW Südafrika gründet in Pretoria eine Investitionsgesellschaft.

1968 In Dingolfing wird mit dem Bau eines Zentral-Ersatzteillagers begonnen. Helmut Dähne erwirbt sich als einer der wenigen BMW-Solo-Fahrer jener Zeit ein beachtliches Renommée.

1969 BMW baut jährlich 145 000 Autos. Der Umsatz beträgt 1 537 Millionen DM. Auf dem Motorradsektor wird die /5-Serie gestartet. Der BMW-Rahmen besteht nun aus zwei Teilen und hat vorn wieder eine Teleskopgabel. Das auf Leichtbauweise ausgelegte Rahmendesign und der Elektrostarter sind offenbar vom US-Markt beeinflußt; der Rahmen eignet sich nicht mehr für Seitenwagenbetrieb. Die gesamte Motorradherstellung wird nach Berlin-Spandau verlagert. Die Auslagerung der Motorradfertigung begründet BMW damit, die freiwerdenden Kapazitäten für die ständig steigende Auto-Produktion zu benötigen. Die Motorradproduktion erreicht mit 4 700 Stück einen Höhepunkt.

1970 Neue Modelle bringen BMW eine enorme Verkaufssteigerung: Bis Ende des Jahres werden in Spandau 12 287 Motorräder gebaut. In Dingolfing entsteht eine ultramoderne Fertigungsanlage, die täglich 350 Autos produzieren kann. Baubeginn eines Versuchsgeländes in Aschheim. Der Umsatz beträgt 1 724 Millionen DM.

1971 Der Umsatz steigt auf 1 900 Millionen. BMW beschäftigt 23 000 Mitarbeiter. Die Jahresproduktion von 185 252 Fahrzeugen beinhaltet 18 772 Motorräder. In Frankfurt wird die BMW Kredit-GmbH gegründet.

1972 Fertigstellung des neuen BMW-Verwaltungs-Komplexes am Olympia-Gelände, „Vierzylinder" genannt. Gründung der Motorsport GmbH, die BMWs weltweite Sportaktivitäten organisieren soll. BMW Frankreich nimmt die Geschäfte als Generalimporteur auf. Die Motorradproduktion beläuft sich auf 21 122 Stück; das 500 000. BMW-Motorrad rollt vom Band.

1973 Vorstellung der neuen /6-Modelle mit neuem Fünfganggetriebe. BMW streicht das 500er Mo-

Modell 80 G/S

dell aus dem Programm; Flaggschiff der Marke ist nun das 900er Modell R90S mit der von Designer Hans Muth entworfenen Cockpit-Verkleidung. Die Jahresproduktion beträgt insgesamt 20 856 Stück. Firmeneigene Niederlassungen entstehen in Belgien, Italien und Nordamerika.

1974 80 Prozent aller an der Formel 2 teilnehmenden Wagen verwenden den Zweiliter-BMW-Motor mit 275 PS. Nur noch drei Prozent des BMW-Sportbudgets sind für den Motorradsport bestimmt; BMW beschickt nur noch Geländewettbewerbe, im Straßenrennsport (weitgehend in Privatinitiative) die Seitenwagenklasse. Insgesamt baut BMW in diesem Jahr 23 160 Motorräder.

1975 Eine BMW Holding AG wird in Zürich gegründet. Die Jahres-Motorrad-Produktion steigt auf 25 566, die der Automobile auf 221 298 Stück. In Spandau rollt das 100 000. in Berlin gebaute Motorrad vom Band. Der Umsatz beträgt 3 254 Millionen.

1976 Vorstellung der /7-Motorrad-Generation mit Einlitermotor. Die R100S besitzt eine revolutionäre, im Windkanal entwickelte Verkleidung. Die Motorradproduktion steigt auf 28 209 Stück. BMW richtet separate Entwicklungsabteilungen für Motorrad- bzw. Bootsmotoren ein. BMW Schweiz AG ins Leben gerufen.

1977 Spandau stößt mit 31 231 gebauten Motorrädern an die Grenze seiner Produktionsmöglichkeiten — diese Zahl bedeutet den absoluten Höhepunkt der siebziger Jahre. In Österreich entsteht die BMW Austria GmbH.

1978 BMW baut 320 853 Autos, doch die Zahl der produzierten Motorräder nimmt ab: 29 580 Stück. Die Modellpalette wird mit der R45 und der R65 erweitert. Die Geschäftsleitung von BMW versichert, daß ihr das Motorradgeschäft auch weiterhin am Herzen liege und die Sparte Zweirad ausgebaut werden soll. Übereinkommen mit Steyr-Puch in Österreich für die gemeinsame Entwicklung eines kleinen leichten Dieselmotors.

1959 BMW Niederlande NV entsteht. Umsatz steigt auf 6 560 Millionen.

1980 Vorstellung der R80 G/S-Mehrzweck-Maschine, die einen erstaunlichen Stilwandel erkennen läßt. Der Umsatz beträgt 6 898 Millionen DM; der Gesamtausstoß an Fahrzeugen beläuft sich auf 370 000 Einheiten, davon sind 341 031 Autos. Das Auto des Jahres ist der M1 mit 277 PS und 262 km/h Spitze. Einen dieser Wagen benutzt Popkünstler Andy Warhole als Kunstobjekt. BMW Großbritannien wird gegründet. Zwei von drei BMW-Motorrädern gehen in den Export. Die Zahl aller Firmenangehörigen in der ganzen Welt beläuft sich auf 43 241. International beträgt der BMW-Umsatz 7 000 Millionen DM.

1981 Vorstellung der neuen Automile der Fünfer-Reihe. Auf dem Motorrad-Sektor kommt das alte Boxer-Konzept mit der R65LS zu neuen Styling-Höhen. In Spandau entstehen zusätzliche Produktionsanlagen, die schon für die nächste Generation von BMW-Motorrädern konzipiert sind. Die BMW-AG wird wieder selbst für Forschung und Entwicklung auf dem Sektor Motorräder zuständig. Die Produktion betrug in Spandau während der siebziger Jahre ungefähr 145 Einheiten pro Tag — in den neuen Anlagen könnte die Zahl verdoppelt werden. BMW gründet eine eigene Niederlassung in Japan.

1982 Vorstellung der neuen Autos der Dreier-Reihe. Neues Motorrad-Modell mit 1000er-Vierzylindermotor in Entwicklung.

1983 BMW trennt sich von Steyr-Daimler-Puch in Österreich, baut das Steyrer Werk aus und fertigt dort mit 1 000 Mitarbeitern in neuen Werksanlagen jährlich 150 000 Dieselmotoren, vornehmlich für den Export bestimmt.
Im Herbst Vorstellung der neuen Motorrad-Generation mit liegendem flüssigkeitsgekühltem DOHC-Reihenmotor.

BMW-Verwaltungsgebäude in München

Ein Konzept entsteht

So seltsam es auch erscheinen mag, aber BMW gehört nicht zu den Pionieren des Motorrads. Tatsächlich ist es so, daß zu der Zeit, als das Werk sich einen Namen als ernstzunehmender Konkurrent auf dem Motorrad-Sektor schuf, bereits an die 70 Marken im Geschäft waren — Markennamen, die zum Teil weltberühmt werden sollten. Anfangs der Zwanziger, gern als goldenes Zeitalter des Motorrads apostrophiert, hatte der Motorradfahrer die Wahl aus einem Angebot so umfangreich wie das Alphabet: Das begann bei ABC und endete bei Zündapp.

Die Entstehung eines Konzepts: die R 32

Heute, an die 60 Jahre später, sind die meisten dieser Pioniernamen vergessen, die Maschinen bestenfalls Museumsstücke. Wenige Marken besaßen das Durchhaltevermögen von BMW, einer Marke, die nach einem Spätstart heute noch blüht und gedeit. Darüberhinaus lassen die gegenwärtigen Modelle noch immer einen direkten Bezug zu ihrem Ahnherrn, Dipl.-Ing. Max Friz, erkennen, der das erste BMW-Motorrad schuf.

In der Welt des Motorrads bedeutet der Name BMW das Synonym für das Konzept des liegenden Zweizylinder-(Boxer-)Motors mit integriertem Getriebe und Kardan, wie es schon Friz zeichnete. Die Unverwüstlichkeit dieses Designs und seine lange Lebensdauer beruhten auf seiner immer wieder neu belebten Kreativität und Effizienz. Dieser andauernde Effekt ist um so bemerkenswerter, führt man sich einmal vor Augen, welche Entwicklung das Motorrad seit seinen Anfängen bis heute durchlief.

Die Geburt des Boxer-Konzepts wird allgemein auf das Datum der Vorstellung der R32 beim Pariser Salon 1923 gelegt. Nach mehreren Jahren fruchtloser Bemühungen, dem allgemeinen Aufwärtsschwung des motorisierten Zweirads mit dem Bau einer konkurrenzfähigen Maschine zu folgen, erwies sich die R32 endlich als Erfolg. Wäre nun Friz aber nicht der Perfektionist gewesen, der er war, wäre die BMW vielleicht eine kurzlebige Zweitakt-Lightweight oder eine nicht wettbewerbsfähige schwere Reihen-Zweizylindermaschine geworden. Nach dem Krieg hatte BMW dann mit so ungeheuer großen Schwierigkeiten zu kämpfen, daß es sehr gut möglich gewesen wäre, das Markenzeichen BMW zukünftig statt auf Autos und Motorrädern auf Bremsanlagen für die Eisenbahn zu sehen. Das Konzept der R32 verhinderte all das, und ihre Vorstellung fiel zusammen mit der auf lange Frist geplanten Blickrichtung auf die frühe, ursprüngliche Aufgabenstellung von BMW.

Die Historie der BMW-Motorräder beginnt am 7. März 1916 mit der Verschmelzung zweier kleiner Flugzeugfabriken in München zu den Bayerischen Flugzeugwerken AG. Dieser Zusammenschluß zu Beginn des Ersten Weltkriegs verband die Rapp-Motorenwerke, die seit 1913 Flugmotoren hergestellt hatten, und die Gustav-Otto-Flugmotorenfabrik, die auf Doppeldeckerkonstruktionen spezialisiert war. In den Gebäuden der Rapp-Werke am Ostrand des Flugplatzes Oberwiesenfeld in München konzentrierte sich die neue Firma auf die Produktion von Motoren. Als Direktoren fungierten Karl Rapp und Dipl.-Ing. Max Friz. Ihre Triebwerke erregten bald Aufmerksamkeit, wurden sie doch auch in der Schwadron Richthofen im Fronteinsatz geflogen. Die deutschen Militärs hatten im Flugzeug eine neue, höchst schlagkräftige Waffe entdeckt, nun brauchte man die passenden Motoren. Auch im verbündeten Österreich versuchte der Generalstab seine Luftflotte zu verstärken. Auf diese Weise kam Franz Josef Popp zur BFW AG, österreichischer Flieger-Ingenieur und abkommandiert von der Flugmotorenabteilung bei Austro-Daimler, ausgestattet nicht nur mit seinem eigenen hervorragenden Können, sondern auch mit beträchtlichen österreichischen Mitteln. Am 29. Juli 1917 wurden die Bayerischen Motoren Werke GmbH ins Leben gerufen; Popp wurde Generaldirektor und behielt diesen Posten bis 1942. 1918 wurde die Firma in eine Aktiengesellschaft umgewandelt; das Aktienkapital betrug 12 Millionen Reichsmark, die Zahl der Beschäftigten 3 500. Übrigens war einer der neu berufenen Direktoren Fritz Neumayer, der später in Nürnberg Zündapp gründete.

Inzwischen war der Weltkrieg ins Endstadium eingetreten. Im Osten hatte Lenin und die Revolution das Russische Reich aus dem Kampf genommen, doch nach dem Kriegseintritt der Vereinigten Staaten stand Deutschland vor der unabwendbaren Niederlage. Die Zukunft von BMW war mehr als unsicher. Die Unterzeichnung des Versailler Vertrags und die Entwaffnung Deutschlands sollten die Produktion von Flugmotoren total zum Erliegen bringen. Und doch inspizierte just zu der Stunde, als sich die Vertreter der Siegermächte im Spiegelsaal des Versailler Schlosses versammelten, Max Friz im BMW-Werk die Installation eines wassergekühlten Sechszylinder-Reihenmotors mit 300 PS in einen DFW-Doppeldecker. Nach geheimen Versuchen erreichte dieses Flugzeug, pilotiert von Zeno Diemer, in 89 Minuten die Rekordhöhe von 30 000 Fuß (9 760 Meter). Dieser Flug am 17. Juni 1919 galt als sensationelle Leistung, führte allerdings auch zu der Entscheidung der alliierten Kontrollbehörden, sämtliche Konstruktionspläne und Aufzeichnungen darüber zu konfiszieren.

Es waren schwierige Zeiten, auch finanziell: Die Inflation war so hoch, daß ein Liter Benzin 150 RM kostete. Für eine Weile entstanden nun aus dem Rohmaterial keine Flugzeugteile mehr, sondern landwirtschaftliches Zubehör, Werkzeug und Büromöbel. Die Gußherstellung für andere Werke führte zu einem Vertrag über die Herstellung von Teilen eines Bremssystems für Eisenbahnen. Der Versuch einer Rückkehr ins Motorengeschäft gelang mit einem 8-Liter-Motor für Busse, Lastwagen und Boote. Friz entwickelte diesen wassergekühlten Vierzylinder mit wahlweise 45 oder 60 PS, der den Namen Bayernmotor erhielt. Ihm sollten die ersten Schritte in Richtung Motorrad folgen.

Diese erste BMW würde man heute als Moped bezeichnen. Der Einzylinder-Zweitaktmotor hatte 148 cm^3 Hubraum und wurde „Flink" benannt, um seine Leistung möglichst anschaulich zu verdeutlichen. Im Grunde war der Flink-Motor dem „Kurier" von Ing. Curt Hanfland (Berlin) „nachempfunden". Aber die Flink wurde für BMW kein Erfolg, inspirierte jedoch 1921 die Produktion der Flottweg-Modelle von motorisierten Fahrrädern in den alten Otto-Werken. Inzwischen entwickelte Friz einen neuen Zweiradmotor, den Typ M2B15, der als Bayern-Kleinmotor bekannt wurde. Der seitengesteuerte Zweizylindermotor hatte 486 cm^3 und leistete 6,5 PS. Zuerst wurde dieser Motor nur an andere Hersteller von Motorrädern in Deutschland verkauft, so an Victoria in Nürnberg und an Heller und SMW, aber auch an Bison in Österreich. Victoria war damals eine der erfolgreichsten Motorradmarken und hatte bereits 1886 mit dem Bau von Fahrrädern begonnen. Später, im Jahre 1958, verband sich Victoria in Nürnberg mit DKW und Express zur Zweirad-Union.

Trotzdem lag BMWs hauptsächliche Aktivität nach wie vor in der Herstellung von Luftdruckbremsen für Eisenbahnen. Ab 1921 gehörte BMW so gut wie ganz seinem Hauptabnehmer, der Knorr-Bremsen AG in Berlin. Immerhin war so etwas wie ein Wendepunkt erreicht und die heillose Disorganisation, die die Kontrollorgane der

Die BFW-Flink

Victoria-Motorrad mit BMW-Boxermotor M2B15

Nachkriegszeit verursacht hatten, schien beendet. 1922 erhöhte BMW sein Stammkapital auf 120 Millionen und erwarb die BFW-Liegenschaften in der Lerchenauerstraße. Hier wurde ein Werksteil abgetrennt, und man begann ernsthaft mit der Herstellung von Motorrädern. Das erste Produkt war die „Helios", benannt nach dem griechischen Sonnengott. Auch sie besaß den BMW-Zweizylinder-Boxermotor M2B15, doch saß er noch nicht quer, sondern längs im Rahmen (wie z. B. auch bei Victoria). Mit dem Kettentrieb, dem schweren Rahmen, den dürftigen Hinterrad-Klotzbremsen und dem weit zurückgezogenen Lenker stellte sie ein typisches Produkt ihrer Zeit dar. Im Fahrbetrieb erwies sich die „Helios" als wenig zufriedenstellend. Friz, noch immer daran gehindert, seiner eigentlichen Berufung, der Entwicklung von Flugmotoren nachzugehen, widmete sich noch einmal dem Problem Motorrad, um etwas ganz Neues zu entwerfen. Das Ergebnis seiner Arbeit war ein anspruchsvoller, leistungsstarker Motor mit einem verläßlichen Antriebssystem. Endlich war das Konzept verwirklicht — sein innovatives Design sollte alle nachfolgenden BMW-Entwicklungen bis in die heutige Zeit kennzeichnen.

Das Design der R32 wirkte befruchtend auf die ganze deutsche Motorradindustrie. Der quer im Duplex-Rohrrahmen liegende Boxermotor besaß ein direkt angeflanschtes Getriebe. Die Kraftübertragung ging über eine solide Kupplung, ein Getriebe mit drei Gängen, und über eine Kardanwelle mit Kegelradtrieb zum Hinterrad. Mit einem Schlag behob diese Bauart viele der Probleme, die die Motorräder jener Zeit geplagt hatten — speziell bezüglich der Überhitzung und der unzuverlässigen Antriebssysteme. Tatsächlich erwies sich die Problemlösung als so erfolgreich, daß BMW diese Bauart bis heute beibehielt.

Die Anordnung der sich gegenüberliegenden Zylinder setzte sie dem Luftstrom aus und sorgte so für höchst effiziente Motorkühlung. Die Boxer-Bauweise ermöglichte zudem einen fast perfekten Massenausgleich sowie ein gutes Drehmoment von unten heraus mit einem Minimum an Motorvibrationen. Durch die tiefe Aufhängung des Motors in dem starken Rahmen besaß die Maschine sehr gute Fahreigenschaften. Der Kardanantrieb ließ den Fahrer Probleme mit Ketten- und Riemenantrieb vergessen, die bei den meisten anderen Marken der damaligen Zeit gang und gäbe waren. Auch vereinfachte der Wellenantrieb den Aus- und Einbau des Hinterrads, und das war zu Zeiten, als der Zustand der Straßen und die Qualität der Reifen gleichermaßen zu wünschen übrig ließen, ein willkommener Pluspunkt. Die Wartung der Maschine war ebenfalls simpel, da Kerzen, Zündung, Ventile und Vergaser leicht und ohne zeitraubende Abbauten vornehmen zu müssen, erreichbar waren. Von Flugzeugkonstrukteuren gebaut, besaß die R32 auf Anhieb ein gutes Image besonderer Zuverlässigkeit.

Dabei war keines dieser Baumerkmale wirklich neu. Noch heute streiten sich einige Motorradenthusiasten darüber, welche Gemeinsamkeiten das damalige Design der BMW mit den vergleichbaren Modellen jener Zeit hatte. Ganz sicher ähnelte die R32 der 398 cm^3-ABC mit liegendem Zweizylinder, die 1919 auf der Olympia-Show in London ausgestellt wurde. Interessanterweise wurde diese Maschine — entworfen von Granville Bradshaw und gebaut von der Sopwith Aviation Co — in der Werbung als „Das beste Motorrad der Welt" gepriesen. Überhaupt waren horizontal gegenüberliegende Zweizylinder bei den Modellen von 1921 fast schon eine Mode. Diese Zylinderanordnung des Boxers hatte schon die Douglas vor dem Ersten Weltkrieg gehabt, und davor hatte sogar schon Joseph F. Barter im Jahr 1905 seine Fairy nach dem Boxerprinzip gebaut. Der Kardanantrieb war schon seit 1903 in Anwendung, zum Beispiel bei den belgischen FN (Fabrique National d'Arme de Guerre). 1922 zeigte auch Vauxhall eine Reihenvierzylinder-Maschine mit Kardanantrieb. Das Geheimnis der R32 und ihrer Erscheinung waren deshalb die Mischung aus Kultiviertheit und technischer Güte.

Oft wird Design als Neuentdeckung von bereits Bewährtem verstanden, das nur verbessert und dann als In-

Die Helios

Modell R 32

novation gepriesen werden muß. Friz aber entwickelte sein Meisterstück, indem er die damals besten Ideen zusammenfaßte und verwirklichte. Als Einzelstück wäre die R32 eine interessante Entwicklung ihrer Zeit gewesen, als laufendes Produkt jedoch stellte sie das BMW-Konzept *des* Motorrads dar. Erstmals kam der Begriff der Fahrfreude auf, obwohl Motorradfahren seit jeher Spaß gemacht hatte.

3 100 Stück der R32 sollten innerhalb der folgenden drei Jahre gebaut werden, produziert auf einer bemerkenswert gut organisierten Montageeinrichtung in einer kleinen Abteilung der Flugmotorenfabrik. Obzwar die Bremsen und die Federung nicht ideal und die Leistung durch die niedrige Kompression des seitengesteuerten Motors vergleichbaren Modellen unterlegen war, fand die Maschine wegen ihres eleganten Designs auf dem heimischen Markt ungewöhnlich viel Interesse. Die Motorradfahrer jener Zeit waren gewohnt, sich mit unzuverlässigen Riemenantrieben, lauten und vibrierenden Motoren, starren Rahmen und Karbidfunzeln abplagen zu müssen. Für sie stellte die R32 natürlich ein ultramodernes Fahrzeugkonzept dar.

Nachdem 1924 die Beschränkungen für die Luftfahrttechnik gefallen waren, konnte Max Friz endlich seiner eigentlichen Berufung wieder nachgehen. Vorher hatte er jedoch schon die Entwicklungsarbeiten in Gang gesetzt, die auf seinem Basiskonzept weiterführen sollten. Im Jahr 1924 bereits gewann Franz Bieber auf einer modifizierten R32 die deutsche Straßenmeisterschaft; BMW verstärkte seine sportlichen Ambitionen, und Dipl.-Ing. Schleicher brachte 1925 die M2B36 mit hängenden Ventilen heraus. Entwicklungen für den Rennsport wurden von da an bei BMW eine besonders gepflegte Spezialität, und die damit befaßten Ingenieure waren stets auch persönlich Liebhaber des Motorradfahrens. Der Leiter der Entwicklungsabteilung, Rudolf Schleicher, präparierte nicht nur seine R37-Rennmaschine, er fuhr sie selbst auch höchst erfolgreich 1926 bei der internationalen Sechs-Tage-Fahrt in England. Dieser Sieg verhalf BMW auch im Ausland zu Publicity und schuf der Marke aus München internationales Renommée.

Die R37 war die BMW mit der kürzesten Produktions-Lebensdauer. Ihr Motor war doppelt so leistungsstark wie die seitengesteuerte Version. Es wurden zehn spezielle Rennmaschinen mit verkürztem Radstand gebaut, die mit einem neuartigen Zylinderkopf aus Aluminium bestückt waren. In über 90 Rennen des Jahres 1926 sammelten die R37 Erfolge; eine — mit Hans Köppen im Sattel — gewann sogar den deutschen Grand Prix.

Zwischen 1923 und 1929 erkämpften sich die Deutschen wieder einen bescheidenen Wohlstand; eine entscheidende Verbesserung der Wirtschaftslage bedeutete die Rückgabe des Ruhrgebiets an Deutschland, das Frankreich annektiert hatte. BMW ging es glänzend: Das Werk konnte eine ständig steigende Nachfrage für seine Qualitätsmaschinen verzeichnen. Eine Palette von neun Maschinen stand nun zur Verfügung, alle bauten auf dem BMW-Entwicklungsgrundsatz von Sicherheit, Besonderheit und absoluter Zuverlässigkeit auf. Zu dieser Modellreihe gehörte auch die R39, BMWs erste Einzylindermaschine mit 250 cm^3. Auf den ersten Blick sah dies wie eine Abkehr von Friz' Basiskonzept aus, doch schuf sie den Präzendenzfall für die kompakten BMW-Maschinen. Obgleich ein Einzylinder nie so elastisch und ausbalanciert wie ein Boxermotor laufen kann, wirkte und benahm sich die R39 wie eine „richtige" BMW. Sie besaß wie die „Große" das typische klare, saubere Motordesign, Leichtmetallgehäuse für die obenliegende Ventilsteuerung, Kardanantrieb, den starken schwarzen Rahmen mit den eleganten weißen Streifen, solide Schutzbleche, Fußbretter und Ballonreifen. Man hatte das große Modell verkleinert, ohne im wesentlichen Kompromisse zu machen. In der Folgezeit zwangen die Umstände BMW verschiedentlich, sich wieder dem Bau hubraumkleiner Maschinen zuzuwenden, aber wann immer dies geschah, wirkten die Maschinen jeweils als voll-und hochwertige Qualitätsprodukte, auch wenn ihre Leistung nicht ganz den Erwartungen entsprach.

Im Jahr 1927 wurde bei BMW das 25 000. Motorrad gebaut, und die erste 750er, die R62, stand kurz vor ihrer Vorstellung. Inzwischen hatte die Beliebtheit des Fahrens mit Seitenwagen dazu geführt, daß die Modelle R52 und R57 in der Standardausführung mit Anschluß-Vorrichtung für einen Beiwagen geliefert wurden. Seltsamerweise gehörten dagegen Scheinwerfer zum Sonderzubehör und mußten — gegen Aufpreis — extra bestellt werden. Die Superbikes der Zwanziger setzten zwar neue Maßstäbe, trotzdem aber wurde bald deutlich, daß die „Betuchten" auf die Motorräder herabsahen und ihnen Status und Komfort des Autos vorzogen.

Am 14. November 1928 übernahm BMW die Fahrzeugfabrik Eisenach und stellte dort mit britischer Lizenz den Austin 7 unter dem Namen „Dixi" her. An diesem Kleinwagen mit nur 15 PS entzündete sich BMWs Interesse, eine eigene Automobilproduktion aufzubauen. Aus kleinen Anfängen wurde so im Laufe der Jahre das, was heute bei BMW dominierend geworden ist — aber das ist wieder eine andere Geschichte. Der Schritt zum Zweigleisigfahren jedenfalls war für den Sektor Motorrad von ungeheuer wichtiger Bedeutung. Ein Soforteffekt war zum Beispiel die Möglichkeit, mit völlig neuen Rahmen-Technologien zu experimentieren, in die bereits die Erfahrungen der Automobil-Karrosseriebauer eingeflossen waren: Nach 1929 besaßen zunächst alle BMWs einen gepreßten Stahlrahmen.

Auch mit den neuen Rahmen wirkten die Maschinen ungemein elegant; sie waren extrem stark und blieben die nächsten fünf Jahre in Produktion. Die R11 mit Seitenventilen und die R16 als Sportversion brachten es auf jeweils fünf Nachfolgemodelle. Sie waren damit ein klares Beispiel der BMW-Tradition einer schrittweisen Verbesserung — heute nennt man das Modellpflege. Die vorgenommenen Veränderungen bestanden unter anderem in der Verwendung von Doppelvergasern, die beim 1932er Modell die Leistung der R16 um ein Drittel anhoben, und dem Austausch des langen Schalthebels, der vom Motor weit bis nach oben ragte, in den kürzeren der Kulissenschaltung, der am Tank angebracht war. Die R11 und die R16 setzten neue Maßstäbe in Bezug auf die Kultiviertheit eines Motorrads. Verkauft wurden sie zu einem Inklusivpreis, bei dem Scheinwerfer, Hupe und Tachometer mit eingeschlossen waren — bei den meisten anderen Maschinen galt dies noch immer als Sonderzubehör. Leider kamen sie erst auf den Markt, als der Motorradboom in Deutschland und überall in der Welt zu Ende ging.

Wieder einmal ging es ums Überleben; bei BMW waren es die konstanten Verkäufe der Motorräder, die das Werk vor dem Untergang retteten, während rundum eine Firma nach der anderen zusammenbrach. Besonders verletzlich war das Werk wegen der erforderlichen Rieseninvestitionen in den Automobilsektor, die mit der Weltwirtschaftskrise und dem wirtschaftlichen Zusammenbruch in den letzten Jahren der Weimarer Republik zusammenfielen. 1931 machten in Deutschland 17 000 Firmen bankrott; BMW gelang es, durch geschickte Finanzpolitik dieses Schicksal zu vermeiden. 1931, auf dem Höhepunkt der Krise, wurde die R2 für 975 Reichsmark verkauft; die R11 kostete 1 630 Mark und ein BMW-Automobil immerhin 2 500 Reichsmark. Interessant war die Schaffung eines Ratenzahlungssystems, mit dem die Firma 1929 ihre Verkaufszahlen ankurbeln wollte und das dem verringerten Kaufinteresse entgegenwirken sollte.

Innerhalb von zwei Jahren hatte sich das Dritte Reich etabliert, und auch für BMW kamen nun leichtere Zeiten. Jetzt begann sich die Aufteilung des Unternehmens bezahlt zu machen. In der Luftfahrt brachen BMW-Triebwerke Geschwindigkeits- und Langstreckenrekorde in der ganzen Welt. BMW-Motoren flogen in der Ju 52, dem zuverlässigsten und erfolgreichsten Passagierflugzeug der damaligen Zeit. 1934 wurden im Eisenacher Werk Spezialkapazitäten geschaffen, um dort die Bestellungen aus Rußland und Japan zu produzieren. Für Schlagzeilen sorgte ein merkwürdiges Schienenfahrzeug: Getrieben von einem Zwölfzylinder-BMW-Motor und geschoben von einer Luftschraube, überbot bei Probefahrten zwischen Berlin und Hamburg der „Schienen-Zepp" mit einer Geschwindigkeit von 230 km/h den Weltrekord für Schienenfahrzeuge. Auf dem Netz der neu entstehenden Autobahnen quer durch Deutschland war es möglich, die Bequemlichkeit des BMW-Sechszylinders zu genießen, nämlich des neuen Modells 303.

R 39 mit 250 cm^3

OHV-Sportmaschine mit 750 cm^3, Typ R 16

Das steuerfreie Modell R 2

Auch auf dem Motorradsektor liefen die Geschäfte gut, unterstützt von einer Unzahl großartiger Sporterfolge in allen möglichen Sparten. Den größten Glanz und das meiste Prestige brachten dabei natürlich die Triumphe der Kompressormaschinen, die zehn Jahre lang die europäischen Rennstrecken beherrschen sollten.

Mitte der dreißiger Jahre waren BMW-Motorräder so begehrt, daß sie bis nach Holländisch-Ostindien und sogar nach Australien verkauft wurden. Fahrberichte der damaligen Fachpresse überschlugen sich nicht selten in Lobgesängen dieser technischen Wunderwerke.

Die Modellpalette von BMW wurde allen Wünschen gerecht. Ganz unten rangierte die R2 als reine Gebrauchsmaschine, die steuerfrei gefahren werden konnte. Die Maschine mit 198 cm^3 gab es auch für Seitenwagenbetrieb für den Paketzustelldienst der Post, und sie war sogar führerscheinfrei. Die bulligere R4 bewies so gute Fahreigenschaften im Gelände, daß sie von der deutschen Wehrmacht geordert wurde. Die R11-Tourenmaschine wurde eben durch das Modell R12 ersetzt, das enorm populär wurde und in den vier Jahren, in der es in Serie blieb, jährlich zirka 9 000mal verkauft wurde. Oft wurden diese Maschinen mit Seitenwagen gefahren, entweder mit einem Nürnberger Steib- oder einem Münchner Royal-Beiwagen. Eine ganze Anzahl Maschinen wurde auch zu Sonderzwecken umgebaut, so als Spezialfahrzeug für die Deutsche Post oder mit Sonderausrüstung für die Feuerwehr. Wer eine schnellere Maschine wollte, dem boten sich die R16- oder die R17-Sportmaschinen an, die beide besonders stark auch exportiert wurden.

Bis 1935 hatte sich die Original-R32 in über ein Dutzend verschiedener Nachfolger vermehrt, die stets das charakteristische BMW-Aussehen hatten. Geradlinig und kompromißlos in Design und Herstellung repräsentierten die BMW-Maschinen elitäres Ingenieurkönnen und garantierten dem Fahrer jederzeit problemloses Fahrvergnügen. Auch im Detail ließ man höchste Sorgfalt walten, das wurde bereits am Guß des Kurbelhäuses erkennbar, oder an vielen, mit Überlegung gestalteten, anderen Teilen, die einfache Wartung und damit lange Lebensdauer und Zuverlässigkeit des ganzen Produkts zur Folge hatten. Verglichen mit konkurrierenden zeitgenössischen Modellen wurden die BMWs gern als besonders komfortabel und bequem bezeichnet, die ermüdungsfrei auch über längste Distanzen gefahren werden konnten. Lediglich die schwergängige Kupplung und das schnellaufende Getriebe, dem Automobilbau entlehnt, gaben manchmal Anlaß zur Kritik.

So also entstand das Konzept. Es schuf ein legendäres Image.

Der Aufbau des BMW-Image

Der Konstrukteur des ersten BMW-Motorrads, Max Friz, war eigentlich und in erster Linie Luftfahrt-Spezialist. Mit dem Bau von Motorrädern hatte er sich nur aufgrund unvorhersehbarer Umstände befaßt. Die Maschinen wurden in einer Fabrik gebaut, deren Belegschaft bis dahin mit der Herstellung hochwertigen Fluggeräts betraut war. Dieser Umstand half natürlich von Anfang an, die Maschinen mit einer Aura besonderer Exklusivität auszustatten. Friz und seine Arbeiter folgten ganz klar den Wertvorstellungen und Leitbildern der Flubzeugbauer. Fliegen bedeutete schon immer die Notwendigkeit fehlerloser Konstruktionen höchster Qualität, die in der Lage waren, schweres Material in die Lüfte zu befördern und sie dort ohne Risiko auch halten zu können. An solchen Maßstäben gemessen, waren die Motorräder der zwanziger Jahre unkultivierte, schwer zu fahrende und unpraktische Maschinen. Aus diesem Grund sorgte die R32 im Herbst 1923 bei ihrer Vorstellung auch für solches Aufsehen. Auf den ersten Blick konnte man dieser Maschine ihre Überlegenheit ansehen, die sie weit aus den Reihen ihrer Konkurrenz herausragen ließ.

Dipl.-Ing. Max Friz, von 1916 bis 1945 Konstruktions- und Entwicklungsleiter bei BMW

Wenige Motorräder in der Welt wurden so wie die BMWs stets als Spitzenprodukt ihrer Gattung betrachtet. Veteranen-Liebhaber schätzen die Henderson, die frühen Indians, die Zweitakt-Scott, die BSA-Goldie und die Rennmaschinen von Norton und Vincent über alles, aber keine dieser Marken kann von sich behaupten, so lange an der Spitze gewesen zu sein wie die BMW-Boxer. Sicher gab es zu Zeiten ganz außergewöhnliche Motorräder, wie die Brough Superior von 1926, die „Rolls Royce der Zweiräder" genannt wurde, um ihre unvergleichliche Qualität zu dokumentieren, aber auch sie ist längst von der Bildfläche verschwunden. BMWs dagegen werden heute noch gebaut. Und seit jeher war das Ansehen der BMW-Motorräder in der Welt so hoch, daß man in Frankreich, den USA, in Japan und der Sowjetunion Nachbauten produzierte.

Zyniker mögen dagegenhalten, daß diese Nachbauten natürlich unerwünscht und daß die Motorräder von BMW überbewertet, ganz sicher aber überteuert waren. Trotzdem ist es ganz klar, daß kein Produkt, schon gar nicht ein Motorrad, sich so lange an der Spitze halten könnte, ohne wirklich dafür prädestiniert zu sein — auch die trickreichste Werbung bliebe hier ohne Nutzen. Image kann man nicht machen. Werbeleute und Werbung können dem Image zwar nachhelfen, aber sie sind nicht in der Lage, das Image selbst zu schaffen. Ein Image entsteht aus dem Produkt und der Resonanz, die es beim Publikum findet, aus den Eigenschaften, mit denen sich sein Besitzer identifiziert sehen möchte. Als das Werk einmal mit einer Umfrage zu ermitteln versuchte, was Menschen mit dem Firmennamen BMW assoziieren, was ihnen als spontane Wertung zu den Produkten einfällt, waren Äußerungen wie „sportlich", „technisch hochwertig", „schnell", „technisch schön", „zuverlässig", „sauber", „etwas Besonderes" und „keine Massenware" die häufigsten. Motorradfahrer sind als wählerisch bekannt und wissen sehr genau, was sie wollen. Für die meisten steht die BMW am obersten Ende der Reihe mit dem größten Prestige und verkörpert ihren Wunschtraum. Tatsächlich wurde dieser Wunsch, eine BMW zu besitzen, über alle Zeiten hinweg durch das Image der BMW ständig am Leben erhalten und bewahrte so die Tradition.

Der Besucher irgendeiner BMW-Einrichtung, sei es nun der Hauptverwaltung in München, einer Niederlassung oder auch bei einem Händler, bekommt einen gleichbleibenden Eindruck vermittelt: Die Leute von BMW haben vollstes Vertrauen in ihr Produkt. Manchmal hat die Intensität dieses Gefühls fast etwas Erschreckendes, immer aber ist es beeindruckend. Man kann den Stolz, mit dem die Arbeiter schon in der alten Motorradfabrik in der Lerchenauerstraße am Werk waren, noch heute auf den vergilbten Photographien erkennen. Und noch heute strahlt jeder Werksangehörige diese Überzeugung aus, diese besondere Identifikation mit dem Produkt. BMW pflegt sein Image gekonnt; Werbekampagnen, Ausstellungen und die in höchstem Maße profihafte Arbeit der Public Relationsabteilung tun das ihre — das Produkt aber spricht für sich selbst.

Eines der augenfälligsten Merkmale beim Aufbau des BMW-Image war das weiß-blaue Markenzeichen, das schon 1916 entstand. Das BMW-Emblem zeigt einen stilisierten rotierenden Propeller gegen den intensiv blauen Himmel und versinnbildlicht damit nicht nur die Anfänge der Marke, sondern auch die Landesfarbe des Bayerischen Freistaats: weiß-blau. Bei BMW versteht man das Emblem auch als Aufforderung zur steten Rückbesinnung auf die Traditionen des Flugzeugbaus: Qualität, Sicherheit und Zuverlässigkeit müssen die Produkte von BMW auszeichnen. 60 Jahre ununterbrochener Präsenz der Marke BMW schufen beim Motorradfahrer einen Begriff, der in der ganzen Welt bekannt und respektiert ist. Und so ziert das BMW-Zeichen nicht nur die Fahrzeuge selbst, sondern auch Accessoires und Zubehör, Kleidung und Werbeartikel — bewußt soll damit ein Gefühl der Markenzugehörigkeit geschaffen werden.

Exklusivität steigert bekanntlich das Image eines Produkts, und obwohl es heute mehr BMWs als je zuvor gibt, unterscheiden sie sich ganz erheblich von den Allerwelts-Motorrädern aus Japan, den „Hondzuyakawas". Die vier großen Japaner stellen schon in einer Woche mehr Maschinen her als BMW in drei Jahren. Doch die traditionsverbundenen, handwerklichen Produktionsmethoden bei BMW limitierten den Ausstoß und machten andererseits die Herstellung teuer. Ein BMW-Produkt — egal ob auf der Straße, in der Luft oder zu Wasser — war immer eine Rarität. Schon 1931 beschreibt ein Pressebericht sehr anschaulich, wie eine R16 während einer Versuchsfahrt ununterbrochen bestaunt wurde: von Streifenpolizisten, Busfahrern und von Jungens jeden Alters, sobald sie zum Halten kam.

In 60 Jahren wurden bei BMW insgesamt etwa 850 000 Motorräder gebaut; ihre Anziehungskraft blieb ungebro-

◀ **Serienfertigung des Typs R 32 im Werk Oberwiesenfeld**

BMW-typische Anzeigen, die Freiheit, Prestige und Vermögen symbolisieren

chen. Jeder BMW-Besitzer erfährt heute noch die neugierige Reaktion von Passanten, sobald sie einer BMW ansichtig werden. So passierte es mir während einer Spazierfahrt an der Themse, daß mich eine Polizeistreife stoppte, nur um meine R100RT einmal ganz aus der Nähe begutachten zu können.

Daß eine Marke heute ein derartiges Renommée besitzt, ist natürlich das Ergebnis einer außergewöhnlichen Image-Pflege. BMW-Besitzer wissen, daß sie das Beste gekauft haben, was mit Geld zu kaufen war, oder aber, daß sie soviel ausgegeben haben wie nötig war, um ihren Traum von einem Motorrad zu verwirklichen.

Steigende Wohlhabenheit und der weltweite Handel haben es ermöglicht, daß man heute überall eine BMW erwerben kann, doch erinnern sich ältere Händler im Ausland noch der Zeiten, als der Kauf einer BMW mit der Hinterlegung der Kaufsumme begann, und der Kunde oft monatelang auf die Lieferung seiner Maschine warten mußte. Nur echte Enthusiasten ließen sich von einer derartigen Praktik nicht abschrecken: Sie zeigt, wie begehrt eine BMW schon immer war.

Von Zeit zu Zeit untersuchte man bei BMW die Erfolge der hauseignen Imagepflege; 1935 erschien eine Liste weltweiter Beurteilungen. Sieht man von der erlaubten Subjektivität einmal ab, ergab sich daraus eine breite Zustimmung für die Motorräder von BMW, die man als eine Klasse für sich sah, weil sie unter allen Bedingungen so vielen verschiedenen Anforderungen gerecht wurden.

Ein halbes Jahrhundert später startete BMW abermals eine Image-Studie zur Erforschung der Käuferinteressen. Demnach ist der typische BMW-Fahrer 36 Jahre alt, männlich und — falls er Besitzer einer RS oder RT ist — gehört er zur sozialen Oberschicht. Im Jargon der Marketingspezialisten wird er als „gutverdienender, grauhaariger Teenager" etikettiert. Wenig überraschend brachte die Marktforschung auch zutage, daß BMW-Fahrer eine bessere Schul- und Ausbildung als der Durchschnitt besitzen. Dieser Tatsache will BMW offenbar mit seinen Werbe-Slogans gerecht werden, die — auch im Ausland — oft elegante Wortspiele mit mehrfacher Bedeutung oder auch Zusammensetzungen langer, schwieriger Begriffe aus der Technik enthalten. Für den britischen Markt kreierte man zum Beispiel vor Jahren den Begriff „Meistershaft" und versinnbildlichte so die Vorteile des Kardanantriebs (shaft = engl. für Welle). Intellektuelle Wortschöpfungen solcher Art auf BMW-Anzeigen richten sich deshalb in erster Linie an den Käufer, der informiert werden will und nicht so sehr an den, der sich Illusionen verkaufen läßt. Natürlich soll das nicht heißen, daß BMW nicht auch andere Werbung macht: Eine Anzeigenserie zum Beispiel wies darauf hin, daß der Maserati Bora in der Beschleunigung der R90 unterlegen sei, und Mitte der Siebziger gab es einen klaren Trend, BMW mit den Begriffen Macht, Männlichkeit, Prestige, Leistung und Besitz zu assoziieren.

Gezielte Marktforschung hat ergeben, daß BMWs hauptsächlich für Wochenendtouren benützt werden. 15 000 Kilometer spult der deutsche Durchschnittsfahrer jährlich herunter. Jüngere BMW-Fahrer fahren naturgemäß mehr, weil sie ihre Maschine auch als Transportmittel benutzen. Fast drei Viertel der BMW-Besitzer jedoch haben auch ein Auto, speziell ältere Jahrgänge, und für sie ist das Motorrad hauptsächlich ein Freizeitgerät. Darauf basiert das BMW-Image des Geschäftsmannes, der sich am Wochenende das Abenteuer der Freiheit auf zwei Rädern gönnt. Es existiert eine Karikatur, die einen BMW-Besitzer neben seiner auf Hochglanz polierten Maschine zeigt, die mit jedem nur denkbaren Extra ausgestattet ist, das Gesicht sonnengebräunt und mit einem Ausdruck glücklicher Zufriedenheit, der sportliche Lederanzug spannt etwas um die Körpermitte, die von seinem mittleren Alter und gutem Leben zeugt — und über allem liegt die strahlende Sonne eines Sommertages. Es handelt sich hier natürlich um eine Verächtlichmachung, da dieser Fahrer offenbar nur bei schönem Wetter ausfährt.

An der Spitze der Gründe, warum die Leute eine BMW kaufen, steht nach wie vor ihr unerschütterlicher Ruf äußerster Zuverlässigkeit und technischer Qualität. Das sind Merkmale, die sich BMW in unablässigem Bemühen hart erarbeitet hat. Man sieht es deshalb nicht gern, wenn andere als Originalteile verwendet werden. Der Wunsch, stets totale Qualität zu bieten und zu gewährleisten, führte dazu, daß Garantie nur auf Original-Ersatzteile und bei Wartung in authorisierten Werkstätten geleistet wird.

Ein immerwährendes Element aller BMW-Werbung war der Hinweis darauf, daß jede Maschine das Ergebnis ausgereifter Technik und die Kulmination sorgfältigster Planung sei. Mit Stolz weist man darauf hin, daß Modell-Änderungen nur dann vorgenommen werden, wenn sie tatsächlich eine Verbesserung bringen. Eine Anzeige lautete: „Gutes soll man nicht ändern, höchstens verbessern." Kritiker erbosen sich nicht selten über diese Spielart der Arroganz; ein Käufer kann sehr wohl auch bei BMW einmal eine mangelhafte „Montags-Maschine" erwischen und deren Mängel auflisten — nicht ändern aber kann man die Tatsache, daß die BMW seit jeher zu Recht als besonders zuverlässig und langlebig gelobt wird.

Eine ganz wichtige Rolle beim Aufbau des BMW-Images spielten natürlich die errungenen Sporterfolge. Rekordfahrten und Rennsiege identifizierten schon in den Zwanzigern und Dreißigern den Namen BMW mit der Weltspitze. Und 20 Jahre nach dem Ende des Zweiten Weltkriegs war BMW noch immer im Sport aktiv. Erst kürzlich wurden diese Aktivitäten beschnitten, zumindest auf dem Motorradsektor, denn im Automobilsport ist BMW nach wie vor stark vertreten. Fahrer und Sponsoren sind sich übrigens einig, daß es nicht immer leicht war, Unterstützung durch das Werk zu bekommen; für Leute ohne bindende Zusage durch das Werk war es schwierig, an gutes Material heranzukommen. Der Rennsport mit seinen hohen Risiken verschaffte schon immer dem Sieger beträchtliches Prestige, seit aber die

Fahrspaß mit der R 80 G/S

Zweitakter die Rennpisten beherrschen, beschnitt ihre Dominanz das Interesse bei BMW auf die Teilnahme an einigen wenigen Langstreckenläufen, bei denen Viertakter noch Chancen besitzen. Zur Zeit beschränken sich die Aktivitäten BMWs deshalb auf den Offroad-Sport und Enduro-Veranstaltungen.

Während des letzten Jahrzehnts wurde BMW zur Weltfirma, und die Möglichkeiten der Einflußnahme auf das internationale Image der Marke wuchsen beträchtlich. Obgleich man den Tochterfirmen freie Hand bei den Entscheidungen läßt, ist doch der Einfluß der Mutterfirma auf dem Gebiet der Öffentlichkeitsarbeit deutlich erkennbar.

In der Münchner Public Relations-Abteilung wird alles Werbematerial entworfen, ebenso wie die Aufmachung der Ausstellungsstände, die die Firma weltweit repräsentieren. Stets entspricht schon die äußere Gestaltung dieser Messestände dem hohen Standard des Hauses, und meistens widmet man sich dabei einem Schwerpunktthema. Immer aber legt man Wert auf die Verbindung zu München — der „Weltstadt mit Herz" — und den Hinweis, in Bayern beheimatet zu sein. Dieser Bayern-Touch kommt in Australien genauso gut an wie in den USA oder einem der europäischen Länder.

Die Mühe, die sich die Deutschen in der Werbung geben, wird im Ausland wegen ihrer hineinverpackten technischen Information bzw. Aussage allgemein gelobt. Leider treibt sie manchmal auch seltsame Blüten, die in nachfolgendem Fall allerdings auf einem Übersetzungsfehler beruhen dürften. Da war auf einem englischsprachigen Plakat zu lesen: BMW-Motorräder sind exzellent für geplante Beerdigungsunternehmen (BMW motor cycles are excellent for planned undertakings). Gemeint aber war sicherlich „Unternehmungen", also die geplanten Fahrten aller Art, für die die BMW so sehr geeignet ist. Der „Undertaker" ist allerdings kein Unternehmer, sondern der Leichenbestatter.

Sämtliche Auslandsvertretungen von BMW haben die Auflage, das weiß-blaue Markenzeichen der Öffentlichkeit so oft wie irgend möglich vor Augen zu führen. Man bedient sich der Werbeagenturen zu dem Zweck, die Aussage einer Marke publik zu machen. Zusätzlich zu den Fachzeitschriften findet man Motorrad-Anzeigen neuerdings auch in Magazinen wie im *Playboy*. Testberichte und Fahreindrücke in der Fachpresse stellen eine nicht zu unterschätzende Hilfe zur Meinungsbildung dar; jedes Werk und jeder große Importeur unterhält deswegen ständig eine Flotte von Testfahrzeugen für die Journalisten. Aber mögen auch die Zeiten sich ändern, neue Modelle herauskommen, neue Trends entstehen — die Meinung der Motorrad-Journalisten über BMW-Maschinen blieb über ein halbes Jahrhundert lang unverändert positiv.

So ist in Testberichten die Rede von sicherem Kurvenverhalten, superweichem Lauf, beeindruckender Beschleunigung, hervorragenden Bremsen, eleganten Fahreigenschaften, simpler Bedienung, bestechender Handlichkeit, durchdachter Plazierung der Bedienungselemente, großer Ausgereiftheit und technischer Zuverlässigkeit. Selbst die abgebrühte Testmannschaft der Zeitschrift *MOTORRAD* zollte den BMW-Maschinen Lob (Heft 23/1982 „Der schönste Boxer"), obwohl sie der weiß-blauen Marke im allgemeinen eher kritisch gegenübersteht.

Ein 1981 erschienener Testbericht einer anderen Zeitschrift pries die Modelle R100CS und R100RT als „die besten BMW, die es je gab", monierte aber — und das ist ein nie verstummender Aspekt — den hohen Preis der BMWs.

Publicity erreicht eine Marke auch durch andere Aktivitäten. So erfreuen sich zum Beispiel Händlertreffen in München großer Beliebtheit: Händler aus dem Ausland reisen nach München, übernehmen im Werk brandneue Vorführmodelle und unternehmen anschließend eine gemeinsame Demonstrationsfahrt durch Bayern und die angrenzenden Länder.

Bei BMW betrachtet man die Händler als Teil des Unternehmens, und als solche spielen sie eine Schlüsselrolle bei der Imagepflege. Jeder zufriedene Kunde ist eine Art Botschafter des Werks, unzufriedene Kunden dagegen kratzen am Image. In seiner Vordersten-Front-Position muß der Händler deshalb konkurrenzlosen Service bieten und hohen Maßstäben gerecht werden. Das Werk unterstützt seine Händler dabei mit Promotion und Werbematerial: Die von BMW initiierten Verkaufshilfen sind in der Branche als hervorragend bekannt.

Natürlich hat es ein Werk nicht immer in der Hand, sein Image zu steuern. Es gibt Zeiten, in denen nichtbeeinflußbare Situationen entstehen oder die allgemeine

BMW-Stand auf der Kölner IFMA

Krauser-BMW mit Gitterrohrrahmen

Wirtschaftslage Folgen zeitigt, die unerwünscht sind. So erwarb sich BMW im Ausland ungewollt das Image, überteuert zu sein — eine Folge ungünstiger Währungsgefälle. Als Ende der siebziger Jahre der Dollar seine Härte verlor, verteuerten sich die deutschen Exporte; in den USA sanken schlagartig die Verkaufszahlen von BMW-Motorrädern.

Ein interessantes Beispiel zeitbedingter Verkaufseinbrüche ereignete sich Anfang der Siebziger in Großbritannien, als die Superbikes eine Art Renaissance erlebten. Die schweren Maschinen standen damals im Geruch, zur Raserei zu animieren, zu risikoreicher Fahrweise mit enormen Schräglagen, wo in den Kurven der Gummi der Fußrasten abschliff und der Fahrer Grasflecken an den Schuhspitzen wie eine Trophäe ansah. Und die Briten, nichts anderes gewöhnt als ihre traditionellen Bonnies oder die neue Generation japanischer Superbikes, argwöhnten nun, daß die weit herausragenden Zylinder der BMW beim Abwinkeln schon in der ersten Kurve aufsetzen würden. BMW verblüffte die Konkurrenz mit dem Angebot von Probefahrten für jedermann — in der Branche damals ein Novum — und startete eine Anzeigenserie, die erläuterte, daß entgegen der allgemeinen Auffassung eine BMW in Kurven um 52 Grad abgewinkelt werden könne und daß dieser Winkel immerhin noch unter dem für Rennmaschinen im Reglement vorgeschriebenen Maximum liege. Bald war tatsächlich bekannt, daß man unheimlich hart fahren mußte, ehe es einem gelang, einen der „Töpfe" auf Grund zu setzen.

Andere Situationen waren schon schwieriger zu meistern, so wie der Zweite Weltkrieg. Er bedeutete für BMW einen kolossalen Rückschlag, hatte man doch in den dreißiger Jahren mit den Modellen R5 und R51 und den erfolgreichen Rennmaschinen internationales Ansehen gewonnen. Der Krieg isolierte BMW vom internationalen Markt und zerstörte ihn nicht nur, er ruinierte auch die Entwicklung bei BMW, denn die Siegermächte requirierten sämtliche Konstruktionspläne und einen Großteil der Produktionsanlagen. Erst 1948 waren beim Genfer Salon Anzeichen der Wiedergeburt des BMW-Image zu bemerken. Wieder einmal ruhte das Ansehen der Firma auf einem Motorrad, obwohl es ein atypischer Einzylinder war, die R24. Trotzdem empfanden die Münchner sie als „besser als garnichts" oder die Beschäftigung mit Kochtöpfen und Fahrradanhängern. An anderer Stelle bereicherte man sich unterdessen dreist mit Teilen der alten BMW-Reputation.

In Eisenach nämlich eröffnete die sowjetische Besatzungsmacht die Fabrik wieder, die während des Krieges die haupsächliche Produktionsstätte der BMW-Motorräder gewesen und die nicht bombardiert worden war und begann mit dem Bau einer Maschine, die auf der alten R35 basierte. Die berühmte R75, die Wehrmachtsmaschine mit dem 750 cm^3-OHV-Motor mit 26 PS und Beiwagen, verschwand in die Sowjetunion und kam später als „Ural" und „Dnjepr" von dort wieder, nun in Minsk gebaut. In Frankreich entstand aus konfiszierten Restbeständen der R12 und R71 die CMR, und in England basierte das Bristol-Auto auf Konstruktionsplänen des BMW 328. Immerhin gelang es BMW, etwas von der alten Würde zu bewahren, indem man die Ostdeutschen überreden konnte, ihre Erzeugnisse statt des weiß-blauen Zeichens mit dem rot-weiß geviertelten EMW-Emblem zu kennzeichnen. Während der fünfziger Jahre erholte sich BMW nur sehr langsam, und am Ende dieses Jahrzehnts drohte gar der Konkurs. Vielleicht war es das schlafende Image vergangener Glanzzeiten und Glorie, das BMW schließlich doch vor dem Untergang rettete.

Seither kehrte BMW wieder auf die Erfolgsleiter zurück und gehört heute zur Spitze der Branchenführer. Dennoch beruhen die Geschicke des Motorradsektors ausschließlich auf den im Automobilgeschäft gemachten Profiten. Daß dies nicht nur zu Wohlgefallen führen kann, zeigten die Probleme auf, die in letzter Zeit durch den Niedergang des US-Importeurs Butler § Smith zu drastischen Verkaufseinbrüchen führten. Einen Weltmarkt zufriedenzustellen ist eine komplizierte Operation, in die ungeheuere Konkurrenzkämpfe hineinspie-

Nordafrika-Version der R 75 mit sowjetischem Nachbau Dnjepr MT 10

len. In den Vereinigten Staaten werden hauptsächlich die älteren BMW-Modelle geliebt, weil sie ganz anders als die traditonellen Harleys aussehen und weil sie dieses gewisse „Klassische" ausstrahlen, für das die Amerikaner ein Faible haben. Die neueren Modelle dagegen bevorzugen junge Leute gern als Gebrauchsmotorrad.

In Europa komplizieren Einfuhrzölle den Motorradmarkt. Trotz der EG sind BMW-Maschinen in Deutschland am billigsten. In Dänemark zum Beispiel verdreifachen Zusatzsteuern den Listenpreis für die R45, das bedeutet, daß ein Käufer schon sehr überzeugt sein muß, wenn er nicht lieber eins der billigeren japanischen Massenprodukte erwirbt. Während in Deutschland der Preisvorteil und die Führerscheinbedingungen die R45 zum „Einstiegs"-Modell für jüngere Leute werden ließ, stellt in Frankreich mit seinen diffizilen Führerscheinprüfungen, der 33prozentigen Verkaufssteuer und den hohen Versicherungsprämien die schwere Maschine eher ein Spielzeug für Betuchte dar. In Italien wiederum tendiert der Geschmack mehr zum raffiniert gestylten Café-Racer, von denen die heimische Motorradindustrie eine ganze Reihe berühmter Modelle herstellt. Trotzdem haben die BMWs ihre Liebhaber, besonders in Norditalien, wo speziell die Offroad-Maschinen ihre Abnehmer finden. In Australien dagegen wird nicht selten das BMW-Image mit den sogenannten „Drifters" verbunden, jungen Leuten, die die eine Hälfte des Jahres hart arbeiten, um dann der anderen Hälfte ihr unermeßlich großes Land zu bereisen. Die sprichwörtliche Zuverlässigkeit und das Stehvermögen der BMW sind für diese Abenteurer das Hauptargument beim Kauf ihrer Maschinen. Anzeigen in Australien zeigen deshalb stets ein Stück Wüste: die BMW als Fluchtmittel aus dem Alltag auf dem Weg zur großen Freiheit!

Verschiedene Interessen beim Kauf einer BMW lassen auch die Verkaufsmuster differieren, das BMW-Image dagegen bleibt immer gleich. Eine Anzeige, die 1980 erschien, verdeutlicht das: „Was jedes BMW-Motorrad gleich macht ist das, was es von anderen Motorrädern unterscheidet." BMW-Motorräder sind in der Tat eine Klasse für sich.

Britische Händler mit R 100 S-Maschinen auf einer Spanienfahrt Zwischen Madrid und Santander

BMW-Isetta und R 60, Schlager der sechziger Jahre

BMW — die optimale Fahrmaschine

Die Bezeichnung „the ultimative riding machine“ wurde erstmals 1973 in den USA gebraucht, und zwar für das damalige Flaggschiff von BMW, die R90S. An anderer Stelle wurde das BMW-Programm auch schlicht als „wahrscheinlich die besten Motorräder der Welt“ bezeichnet; immer wieder fühlen sich deshalb Motorradfahrer herausgefordert, darüber zu streiten, ob solche Äußerungen nur Werbesprüche sind oder ob man sie für bare Münze nehmen kann. Sicher gibt es Maschinen mit mehr Leistung oder besserem Aussehen, doch in den Händen eines Durchschnittsfahrers können sie es in punkto Fahrverhalten doch nicht mit einer BMW aufnehmen. 1982 bestand die Palette der „Ultimativen“ aus elf Modellen, die im folgenden Kapitel beschrieben werden: die Erben der R32.

R 100 RS

Das Spitzenmodell des Programms wurde 1976 vorgestellt. Auf den ersten Blick hatte es kaum noch Ähnlichkeit mit der R32, doch das bezog sich allein auf die integrierte Verkleidung. Denn darunter verbarg sich die seit eh und je gepflogene Tradition des typischen BMW-Designs: Die RS stellte zwar eine neue Motorrad-Generation dar, doch folgte sie ganz klar dem altbewährten Muster.

Serienmäßige Verkleidungen gab es bei BMW erst seit 1973, als die R90S damit erschien. Die kleine Lenkerverkleidung dieses Modells, entworfen von Hans Muth, umgab zwar knapp die Instrumente, bot dem Fahrer aber wenig wirklichen Windschutz. Rein äußerlich jedoch

Mit der R 100 RS im Grenzbereich

Versuche mit der RS-Verkleidung werden auch auf der Straße gefahren

sorgte sie für eine rasante Wirkung, was durch die neuartige, farbig schattierte Metallic-Lackierung noch verstärkt wurde, die die traditionellen Schwarz/weiß-Farben abgelöst hatte und die die Konkurrenz sofort fleißig kopierte.

Vorher waren Verkleidungen immer riesige aerodynamische Verhüllungen für Rekordfahrzeuge gewesen oder aber schwerfällige Windschutzscheiben, wie sie die Polizeimaschinen hatten. Außer dem Zweck der Kennzeichnung hatten sie wenig oder kaum einen Nutzen. Tourenfahrer rüsteten ihre Maschinen trotzdem manchmal mit derartigen Schutzscheiben aus, erschraken jedoch nicht selten über das unkontrollierbare Fahrverhalten ihrer Maschine bei Seitenwind. Die von Muth entwickelte Verkleidung dagegen sah nicht nur hervorragend aus und bot dem Fahrer guten Schutz gegen Witterungseinflüsse, sie verbesserte darüberhinaus sogar die Stabilität der Maschine und ihr Handling bei hohen Geschwindigkeiten. Die strömungsgünstigste Form der Verkleidung wurde ausgiebig im Windkanal getestet; als Material wurde Fiberglas und Polycarbonat verwendet, wodurch die gesamte Verkleidung mit nur 9,5 kg Gewicht trotz ihrer Festigkeit erstaunlich leicht war. Insgesamt verlieh die Verkleidung der BMW ein „modernes“ Aussehen, manche nannten das den futuristischen „New Look“.

Erfahrungen mit den aerodynamischen Spoilern an Rennwagen hatten gezeigt, daß der dabei erzielte Saugeffekt gewisse Vorteile bot: Die gleichen Prinzipien übertrug Muth auf die Verkleidung der RS. Verstärkter Bodendruck ergibt eine verbesserte Straßenlage, und — mit der neuen Verkleidung — schien sie immer stabiler zu werden, je schneller man fuhr. In dieser Beziehung war die BMW mit der neuen Verkleidung der Konkurrenz weit voraus, bei der verkleidete Maschinen bei hohen Geschwindigkeiten nicht selten in haarsträubendes Schlingern gerieten.

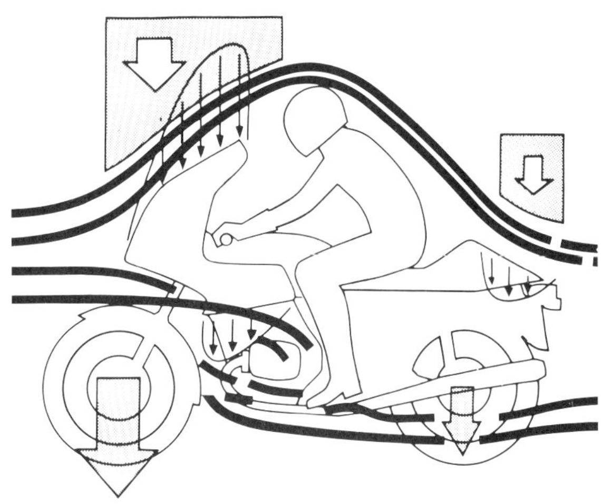

Luftströmungen am RS-Integral Cockpit

Die weiteren Vorteile der Verkleidung waren eine Senkung des Kraftstoff-Verbrauchs sowie das Ende des unangenehmen Zustands, ständig dem aufprallenden Fahrtwind ausgesetzt zu sein. Schon bei einer Geschwindigkeit von 100 km/h stellt nämlich die Druckbelastung auf Arme und Brust eine nicht unerhebliche Unbequemlichkeit dar.

Die bestechende Erscheinung der RS-Verkleidung verlieh der Maschine ein stark sportliches Image, und dieser Eindruck trug eine ganze Menge dazu bei, das Modell zu einem Bestseller zu machen. Um auch ältere RS-Modelle mit der Verkleidung ausrüsten zu können, war sie auch als Zubehör lieferbar. Zwar monierten besonders groß gewachsene Fahrer, daß sie mit dem Helm der Turbulenz des abgerissenen Luftstroms über der Verkleidung ausgesetzt seien, und brachten deshalb an ihren Maschinen zusätzliche Windabweiser an. Völlig unvereinbar mit der RS-Verkleidung zeigten sich nur die Sturzbügel, auf die manche BMW-Fahrer schwören. Um sie weiterhin zu verwenden, muß die Verkleidung eingeschnitten werden, wodurch wiederum der Zugang zum Ölfilter erschwert wird; mancher Techniker ist sowieso davon überzeugt, daß die Sturzbügel im Falle eines Falles nur mehr Schaden anrichten, als sie zu verhüten imstande sind.

Das Fahren mit der RS ist reines und ungetrübtes Vergnügen: eine ausgewogene Mischung aus Sport- und Touren-Technik, verpackt in elegantes Aussehen. Ein Druck auf den elektrischen Anlasser erweckt den 70-PS-Motor zum Leben, der im Leerlauf knapp unter 1 000 Touren „tickt". Eine leichte Drehung des Gasgriffs, und die Maschine vibriert förmlich vor Ungeduld, mehr leisten zu dürfen. Ersten Gang einlegen, Kupplung loslassen — sofort reagiert der Kardanantrieb, das Heck der Maschine hebt sich, und die Beschleunigung setzt ein. Jahrelang mühten sich die BMW-Techniker, den Gangwechsel vom Ersten in den Zweiten ohne das berüchtigte Geräusch vonstatten gehen zu lassen, aber erst bei den neuesten Modellen gelang dies durch Dämpfung des Kardans. BMW-Neulinge verblüfft dagegen nach wie vor die Schüttelbewegung, auf die sich die BMW — wie alle kardangetriebenen Maschinen — beim Herunterschalten in den nächsten Gang kapriziert.

Über die gefahrene Geschwindigkeit täuscht man sich bei der RS ungemein leicht, weil die Leistung so butterzart einsetzt. BMW-Neulinge tun gut daran, die Tachonadel dauernd im Auge zu behalten, sonst kommt man leicht über die Geschwindigkeitsbeschränkung oder es passiert, daß man Kurven zu schnell anfährt. Der Motor beschleunigt sanft und doch rasant; so ist es möglich, sich auf der RS sehr schnell fortzubewegen, ohne die anderen Verkehrsteilnehmer durch lautes Auspuffgekreische darauf aufmerksam machen zu müssen.

Kraftvoll arbeiten auch die Bremsen; die drei Scheiben werden der Motorenleistung effektiv gerecht. Auch bei Nässe verzögern sie hervorragend, was durch die Verwendung neuer Semi-Metall-Bremsbeläge erreicht wurde, die die früheren gelochten Scheiben ablösten, welche

Windkanal-Versuch mit der verkleideten R 100 RS

eher ein psychologisches Gefühl der Beruhigung als wirkliche Bremswirkung boten.

Scheibenbremsen haben die BMW-Maschinen seit 1973, als die /6-Serie damit ausgerüstet wurde. Damals waren das ungelochte Ein-Scheiben-Bremsen am Vorderrad der Modelle R90 und R75/6. Die R90S hatte vorn bereits Doppelscheiben; von der Lochung der Scheiben erwartete man besseres Abfließen des Wassers und dadurch eine Verstärkung der Bremskraft bei Nässe. Bei Vollbremsungen verriß die Einfach-Scheibe jedoch leicht die Lenkung, weshalb schließlich alle größeren Modelle mit der Doppel-Scheibenbremse ausgerüstet wurden. Als Sonderausstattung gibt es sie auch für die Modelle R45 und R65. Die RS hat nun vorn und hinten Scheibenbremsen; einige Fahrer bevorzugen für das Hinterrad trotzdem die Trommelbremse, weil sie angeblich sensibler anspricht. Sicher nicht ohne Grund verwendet auch die Polizei nach wie vor hinten die Trommelbremse.

Hartes Bremsen deckt übrigens eine typische BMW-Krankheit auf, die in den langen Federwegen ihre Ursache hat. Um Fahrkomfort zu gewährleisten, wurde die RS vorn mit einer Teleskopgabel mit doppelt wirkenden hydraulischen Dämpfern mit 200 mm Federweg ausgerüstet; die dreifach einstellbare kegelrollengelagerte Doppelarmschwinge mit progressiv wirkenden Federbeinen an der Hinterachse hat 125 mm Federweg. Ihre klaren

Die R 90 beschleunigt von 0 auf 100 km/h in 4,8 Sekunden

Vorteile beim Fahren auf Holperstrecken oder mit schwerem Gepäck stehen dem Nachteil gegenüber, daß bei wiederholtem starken Bremsen das Vorderrad „eintaucht". Diese Unart verhalf der BMW übrigens zu dem Spitznamen „Gummikuh".

Das RS-Modell ist das letzte in der langen Reihe der BMW-Sportmaschinen, die auf der R32 basieren, wie auch die R37 von 1925 und die R47 von 1927. Die R47 mit ihren 18 PS gewinnt heute noch Veteranen-Wettbewerbe. Andere erwähnenswerte Sportversionen waren die 600 cm^3 R68 von 1952 und auch die R90S von 1973, die 200 km/h schnell war. Ursprünglich war der RS-Motor der spritzigste des Programms, weshalb er ganz klar als Sportmodell prädestiniert war. Heute muß er sich neben das 70-PS-Triebwerk der leichteren R100CS einordnen; beide Typen haben die gleiche Endgeschwindigkeit. 200 km/h Spitze bedeuten heute nichts Besonderes mehr, so sind auch die vergleichbaren Sportmaschinen wie die Laverda Jota oder die 900er Honda und auch kleinere Konkurrenten wie die Yamaha oder Moto Guzzi alle schneller. Aber BMW-Motorräder wurden noch nie ausschließlich am Maßstab schierer Geschwindigkeit gemessen — ihr Plus sind Komfort und Tourentauglichkeit. Die RS vereint in sich diese Merkmale in Reinkultur: Im Alltagsbetrieb bietet sie dem Fahrer Sportlichkeit, Sicherheit und Fahrkomfort.

R100RT

Sie wurde 1978 vorgestellt und ist *das* Tourenmotorrad schlechthin. Zu ihrer Ausstattung gehört die rahmenfeste Verkleidung mit integriertem Handschutz und zwei abschließbaren Ablagefächern sowie die verstellbare Scheibe und der Tourenlenker. Außer an den Händen bietet die Verkleidung außergewöhnlich guten Wetterschutz und ist trotz ihrer Größe erstaunlich wenig anfällig auf Seitenwind. Lediglich sehr großen Fahrern kann der Aufprall des Fahrtwindes trotz der dreifach verstellbaren Scheibe zum Problem werden, sie empfinden auch manchmal entstehende Luftwirbel am Rücken als unangenehm. Andererseits haben es besonders kleine Fahrer schwer, ihr Blickfeld nicht durch die oberen Teile der Windschutzscheibe beeinträchtigen zu lassen. Speziell bei Regen wäre eventuell ein Scheibenwischer für sie von Vorteil. Übrigens werden die meisten Polizeimaschinen mit der RT-Verkleidung ausgerüstet.

Im Cockpit der RT befindet sich unter den Instrumenten auch eine Quartzuhr. Die Idee, ein Motorrad mit einer Borduhr auszustatten, mag einem zuerst vielleicht als unnötiger Luxus erscheinen, doch ist es überraschend, wie nützlich sie sich sofort erweist und wie oft man sie im Fahrbetrieb früher vermißt hatte. Von großem Nutzeffekt sind auch die Ablagefächer; sie nehmen

Kartenmaterial, das Erste-Hilfe-Set — das zur Serienausstattung gehört — und allen möglichen Kleinkram auf; manche bringen darin sogar die Gegensprechanlage unter. Von zweifelhaftem Wert ist dagegen die Belüftung, zumindest in Europa, wo man sich kaum jemals eine zusätzliche Ventilation wünscht. Immerhin ist es möglich, dort Zusatzscheinwerfer anzubringen, die als Sonderzubehör angeboten werden.

Seit jeher ist man bei BMW stolz darauf, die fast perfekte Sitzposition entwickelt zu haben, und zweifellos darf die aufrechte Sitzhaltung der RT als außergewöhnlich komfortabel bezeichnet werden. Obgleich der hochgezogene Lenker und die große Verkleidung im langsamen Stadtverkehr oft als störend kritisiert werden, läßt sich die Maschine auf kurvigen Strecken schnell und präzise steuern. Das Fahrverhalten eines Motorrads hängt weitgehend von der Gewichtsverteilung und der Stoßdämpfereinstellung ab, hier kann die RT eine neue Problemlösung bieten: die automatische Dämpferregulierung Nivomat. Diese Gemeinschaftsentwicklung von BMW und Boge verstärkt oder reduziert den effektiven Dämpferdruck je nach Belastung. Das zusätzliche Gewicht eines Passagiers oder schweren Gepäcks verändert normalerweise die Federung des Motorrads; der Nivomat gewährleistet den Niveauausgleich, verbessert damit das Handling und sorgt dafür, daß bei Nachtfahrten der Scheinwerfer die richtige Position hat.

In der Entwicklung der Dämpferelemente stellt der Gas/Öl-Nivomat vorläufig das Neueste dar. Bereits 1935 war BMW branchenführend, als die 750-cm^3-Tourenmaschine R12 mit wartungsfreier Teleskopgabel mit hydraulischen Federbeinen ausgestattet wurde. Drei Jahre später erhielt die R51 auch hinten teleskopische Dämpfer mit Druckfedern. Mitte der fünfziger Jahre bewahrte BMW seinen Status mit den Earles-Typ-Stoßdämpfern, die besondere Steifigkeit besaßen, und jüngst entwickelte BMW das Monolever-Federbein für die GS80.

Die RT gleicht der RS in vielem; auch hier ist der fünfte Gang eine Art Schongang für besonders wirtschaftliche Fahrweise. Auch die RT ist schnell; von 0 auf 100 km/h benötigt sie nur knapp fünf Sekunden. Sie kann aber auch wie auf Samtpfoten dahinschleichen, so leise, daß man die Wechselsprechanlage ans Unterende der Skala einstellen kann. Auf der Autobahn besticht sie durch solide Dauerleistung, und für Stadtfahrten besitzt sie ausreichende Spurtreserven. Trotz ihrer bulligen Wirkung ist die RT mit ihren 217 kg fast ein Leichtgewicht und könnte sich in der Beziehung mit manch anderer 650er Maschine messen. Die RT ist unter allen BMWs die Maschine mit der besten Gewichtsverteilung, wodurch das Parken sehr erleichtert wird. Leute, die es

Oben: Die R 100 RT, Nonplusultra der Tourenmaschinen

Unten: Der BMW-Nivomat reguliert die Dämpfereinstellung selbsttätig

Die R 61 mit Hinterradfederung, erstmals an den BMW der Baureihe 1938 vorgestellt

nicht unbedingt gewohnt sind, vier Säcke Zement gleichzeitig zu heben, vermeiden es oft peinlich, auf losem oder unebenem Untergrund zu parken. Beachtung sollte man lediglich in Abständen dem Kippständer widmen; es wurden einige Fälle bekannt, wo er zusammenbrach und kostspielige Reparaturen verursachte.

Distanzen bis zu 800 km bewältigt die BMW, ohne den Fahrer zu ermüden. Allerdings kann man das nicht auch für den Sozius behaupten; es ist wirklich schade, daß die Sitze der RT nicht mehr so bequem wie die der vorherigen /7-Modelle sind. Manche BMW-Besitzer gingen deshalb so weit, die Doppelsitzbank gegen die Einzelsitze der /7er Version zu tauschen.

R100CS

Die klassische Sportversion wird durch ihr nostalgisches Styling gekennzeichnet sowie durch die Bemühungen, Leistung und Gewicht der Maschine optimal aufeinander abzustimmen. Bei einem Trockengewicht von 200 kg macht dies die CS zu einer der leichtesten Tausender ihrer Klasse. Der leichte, drehfreudige Motor verhilft der CS zu besonderer Spurtstärke; in der Beschleunigung läßt sie alle anderen BMW-Modelle hinter sich. Trotzdem ist sie nicht so schnell wie ihre Vorgängerin, die 100S. Im Stadtbetrieb ist es nicht ganz leicht, mit der CS die Geschwindigkeitsbegrenzung nicht zu überschreiten: Eine winzige Drehung am Gasgriff genügt, und die Maschine sprintet los. Wie bei allen schweren BMWs verschwimmen die Seitenspiegel wegen der Schüttelbewegungen des Boxers bei Drehzahlen unter 3 000 Touren; über 300/min verschwinden diese Pulsationen völlig.

Das geringere Gewicht der CS resultiert hauptsächlich aus dem leichteren Triebwerk und einem weniger schweren Bremssystem, das hinten statt der Scheiben- eine Trommelbremse hat. Die Zylinder sind nun ganz aus Aluminium, und die Bohrungen wurden mit einem widerstandsfähigen Silikon-Karbid-Gemisch beschichtet. Abgesehen von der Gewichtsersparnis von drei Kilogramm soll die aufgesprühte Galnikal-Beschichtung die Lebensdauer des Motors erhöhen; sie erlaubt zudem geringere Kolbenspiele, die wiederum den Motor leiser machen. Weitere Gewichtsersparnisse brachten die leichtere Schwungscheibe und das Getriebe. Damit wurden die Schaltvorgänge erleichtert, die Kritikern stets Anlaß gaben, die schwergängige Kupplung der BMW zu bemäkeln, die sich auf Langstrecken ermüdend auswirkte.

Ursprünglich wurde die CS mit Drahtspeichenrädern geliefert, die den „klassischen“ Touch der Maschine unterstreichen sollten. Ehe BMW 1976 die RS zum ersten Mal mit Gußrädern ausstattete, gehörten die Leichtmetallfelgen mit den ungekröpften Speichen seit 1951 förmlich zum „typischen“ Aussehen der BMW. Überraschenderweise sorgten aber gerade die neuen Speichenräder der CS für eine kleine Sensation: Nachdem etwa 200 Maschinen damit bestückt worden waren, mußte BMW eine Rückrufaktion starten, weil sich bei hoher Geschwindigkeit die Speichen verformten und die Bremsklötze demolierten!

Das Modell R 100 CS, die klassische Sportmaschine

Die USA-Version der R 50 S von 1960 mit hochgezogenem Lenker

Modell R 100

Die S-Reihe brachte BMW erstmals 1960, als die Tourenmaschinen durch Steigerung des Verdichtungsverhältnisses und größere Vergaser in der Leistung angehoben wurden. Aus den 26 PS der R50/2 wurden bei der R50S nun 35 PS; während die S-Version der R69 weitere sieben PS mehr leistete. Die R69S war damals die erste Serienmaschine mit hydraulischem Lenkungsdämpfer; heute gilt dieses Modell allgemein als eins der absolut besten aller BMWs.

Blickt man zurück in die „swingenden sechziger Jahre", so erscheinen die damaligen S-Modelle im Vergleich zu ihren Konkurrenten als schwerfällig und bullig. Die R100CS von heute wirkt dagegen grazil und leicht — trotz ihrer großen Batterie und dem Elektrostarter — und ist neben den japanischen und italienischen Sportmaschinen das reinste Vollblut.

R 100

Sie stellt im gegenwärtigen BMW-Programm den Basis-Tourer dar. Die R100 wird gern als konservativ bezeichnet; seit ihrer Vorstellung 1976 erfuhr sie laufend Modifikationen. Im Grunde ist sie ein direkter Nachkomme der R90/6 des Jahres 1973.

Zweckmäßigkeit ist die passendste Bezeichnung für diesen sanften Riesen, die billigste Tausender von BMW. Geringere Verdichtung und Übersetzung bescheren der R100 besondere Zuverlässigkeit, leichte Wartung, gute Straßenlage, geringen Verbrauch — der Motor begnügt sich sogar mit Normalbenzin — und in allen Gängen echte Durchzugskraft. Ob im Stadtbetrieb oder beim Fahren auf Landstraßen besticht die R100 gleichermaßen als die beste Allroundmaschine unter den großen BMWs.

Von der Optik her klarer und geradliniger als die sophistisch wirkenden RS- und RT-Modelle und leistungsmäßig der CS deutlich unterlegen, ermöglicht es der Aufbau der R100, eine ganze Reihe von Sonderausstattung und Zubehör anzubringen. In der BMW-Gründerzeit gehörten sogar Scheinwerfer, Seitenwagenbefestigungen und größere Benzintanks zum Sonderzubehör, nicht einmal der Soziussitz war serienmäßig. Später bot man — speziell für die Exportmärkte — hochgezogene Lenker, Zusatzscheinwerfer, Kofferträger und Schmutzabweiser an. Die Liste des heutigen Zubehörs scheint endlos zu sein; sie würde es gestatten, aus einer R100 ohne weiteres eine passable RS zu machen. Es war sogar zeitweise bei einzelnen Händlern üblich, den Absatz dadurch zu steigern, daß sie R100-Maschinen in einem „Wolfspelz" kleideten und so praktisch die RS unter Preis verkauften.

R 80 G/S

Diese Allzweck-Maschine entwickelte BMW als Freizeitgerät für optimales Fahren sowohl auf wie abseits der Straße. Konzipiert wurde sie als Objekt einzigartiger Universialität, die die Freiheit bietet, sich *überall* zu bewegen. Die Schwachstelle von Mehrzweckfahrzeugen ist immer die, daß bei einer Seite Kompromisse gemacht werden müssen. Die G/S dagegen besticht dadurch, daß sie in der Tat auf der Straße wie auch im Gelände gleichermaßen ideale Fahrleistung bringt.

Die G/S erschien im September 1980 und bedeutete eine radikale Abkehr vom traditionellen Konzept der bayerischen Marke. Die größte Überraschung an der „Neuen" aber war ihr neuartiges Dämpfungs-System: der Monolever mit Monoshock, also vorn die Teleskopgabel mit doppelt wirkenden hydraulischen Dämpfern mit 200 mm Federweg und an der Hinterachse der kegelrollengelagerte Monolever mit dreifach einstellbarem Gasdruck-Federbein an der rechten Seite der Maschine. Dieses markanteste Merkmal der G/S war einmalig für ein geländegängiges Serienmotorrad, einmalig aber auch für eine Straßenmaschine.

Vorbild dieses Designs war ganz offenkundig die GS80 Werksmaschine der siebziger Jahre. Überhaupt lag den Ingenieuren bei BMW seit jeher daran, Maschinen zu bauen, deren Fähigkeit im Gelände *und* auf Asphalt gleichermaßen einsetzbar sein sollten. Beispiel dafür: die R37, die 1926 die internationale Sechs-Tage-Fahrt auf der Insel Man gewann. Einige BMW-Modelle erhielten von Haus aus die Bezeichnung *Geländesport,* wie die R4 und die R35, obgleich sie nach modernen, heutigen Gesichtspunkten kaum wie solche wirkten. Mitte der fünfziger Jahre wurde dann der Trial-Stil modern, an der R68 zeigte sich dies in Form eines hochgezogenen Auspuffs und durch grobstollige Reifen.

Die Mehrzweckmaschine R 80 G/S

Die R 4 war in den Dreißigern eine erfolgreiche Geländemaschine

Auf den ersten Blick scheint es kaum vorstellbar, die schweren BMWs im Gelände bewegen zu können, doch erwies sich gerade ihre Zuverlässigkeit und ihre bullige Kraft im unteren Bereich als erfolgreich, speziell im Seitenwagensport. Populärster Gespannfahrer jener Zeit war übrigens der Bayer Karl Ibscher mit seinem Beifahrer Jupp Rettschlag, und der ungekrönte König mit der Solo-BMW im Gelände war Sebastian (Wasti) Nachtmann, über Jahre hinweg Kapitän der deutschen ISDT-Nationalmannschaft.

Das Fahren mit der 80G/S ist reiner Genuß. Auf der Straße vereint sie die hervorragende Laufkultur des Boxers mit bulliger Durchzugskraft und ausgezeichnetem Handling von bestechender Leichtigkeit. Und im Gelände begeistert sie durch präzise Manövrierfähigkeit, die jederzeit das Gefühl größter Sicherheit vermittelt. Lediglich ihr Gewicht könnte in tiefem Morast ein Handicap darstellen, sie ist ja auch keine reinrassige Enduro, bei BMW weist man nicht ohne Grund auf ihr Potential als Offroad-Straßenmotorrad hin.

Die Reifen der G/S sind eine Spezialentwicklung und tragen erheblich zur Handling-Qualität bei; sie sind für das Gelände als auch für die Straße gleichermaßen gut und als erste dieser Bauart bis 170 km/h zugelassen. Die Felgen sind aus gehärtetem Leichtmetall und sichern durch ein spezielles Felgenbett schnellen Reifenwechsel. Etwas ungewöhnlich für eine Enduromaschine ist die vordere Scheibenbremse. Halogen-Scheinwerfer, ausgefeilte Instrumentierung und der großräumige 20-Liter-Tank ermöglichen der G/S einen ungewöhnlich großen Aktionsradius und heben sie weit aus der Reihe der Durchschnitts-Offroad-Maschinen heraus.

Die R80G/S wurde von BMW daraufhin konzipiert, der Marke eine völlig neue Käuferschicht zu eröffnen, und ganz sicher hatte man dabei nicht nur den deutschen Markt im Auge, sondern auch den von Frankreich, Italien und der Schweiz. Nur geringen Absatz findet die G/S in Großbritannien: Endurofahren ist auf der Insel wenig populär, weil das Gelände weitgehend in Privatbesitz ist und die Nichtbeachtung von Grundstücksgrenzen streng geahndet wird.

R 80 ST

Diese Neuschöpfung soll vor allem den Sportfahrer ansprechen. Daß die ST auf der Basis der G/S aufbaut kommt nicht von ungefähr: In punkto Handlichkeit und Fahrsicherheit ist sogar das sportlichste BMW-Modell, die R100CS, der Enduro unterlegen. Überhaupt setzt sich die ST aus vielen bekannten Komponenten zusammen. Rahmen und Motor sind die der G/S, Gabelstandrohre und Gabelbrücken stammen von der R100, die Gleitrohre von der R65 und der Vorderkotflügel von der R45. Tank, Sitzbank und hinterer Kotflügel sind wiederum identisch mit denen der G/S, das Cockpit ist von der R65 bekannt und der Lenker von der USA-Version der R65.

Das exzellente Fahrverhalten der ST, die nun für den hauptsächlichen Betrieb auf Asphalt konzipiert und nicht mehr wie ihre Schwester G/S auch geländetauglich ist, läßt den Fahrer nicht länger die ansonsten BMW-typischen Pendelbewegungen in Kurven erleben, ein Vorteil, in dessen Genuß vorläufig nur ST-Fahrer kommen.

R 80 RT

Daß die BMW-Motoren mit 800 cm³ Hubraum die besten Boxer sind, behaupten viele Fans. Um die 80er-Reihe noch um ein ausgesprochenes Tourenmodell zu bereichern, brachte BMW die RT heraus. Sie besitzt die hervorragenden Handling-Eigenschaften der anderen 80er, wie die G/S und die ST vorn die Teleskopgabel mit doppelt wirkenden hydraulischen Dämpfern und dem kegelrollengelagerten Lenkkopf, an der Hinterachse jedoch nicht den Monolever, sondern eine Doppelarmschwinge mit progressiv wirkenden Federbeinen. Für den Fahrkomfort auf langen Distanzen ist vor allem die integrierte Vollverkleidung gedacht.

Eine R 60 mit schwerem Touren-Beiwagen

R 65/R 65 LS

Ende der siebziger Jahre erfreuten sich 650er Maschinen großer Beliebtheit: Sie vereinten die Leistung großvolumiger Maschinen mit den günstigen Betriebskosten der mittelgewichtigen; die Hersteller-Werke beeilten sich, dem neuen Kauftrend mit der Vorstellung passender Modelle entgegenzukommen. Aus den vorherigen „Superbikes" waren nämlich „Hyperbikes" geworden, extrem teuere, kraftstoffsaufende Schwergewichte, und so schien es nur logisch, auch wieder wirtschaftliche Twins anzubieten. BMWs Antwort auf diesen neuen Trend war die R65, die 1978 herauskam.

Mit ihrem Vorreiter, der R75/7, verglichen, erscheint die R65 graziler, leichter und kleiner, hat aber fast die gleiche Leistung. Inzwischen steigerte man die PS-Zahl auf 50, und die Maschine besitzt nun das Charisma der Potenz in unauffälliger Verpackung. Das gern als „Kompakt-Maschine" bezeichnete Fahrzeug zeichnet sich durch exzellentes Fahrverhalten und extrem leichtes

Für Mofa- und Mopedfahrer stellt die R 65 den Traum vom ersten Motorrad dar

Handling aus. Wie alle Nachfolger der /7er Reihe hat auch die R65 einen abschließbaren und auch im Falle eines Sturzes auslaufsicheren Tankverschluß.

Ein Vergleich der neuesten R65 und der R60 von vor 20 Jahren illustriert, inwieweit Styling und Funktion der BMW-Motorräder sich geändert haben. Die R60 war eine Tourenmaschine und im BMW-Programm die Nummer Zwei. Sie galt als ideale Maschine für Seitenwagenbetrieb und wurde in vielen Ländern als Polizeikrad eingesetzt. Eine der Spezialitäten der R60 war der Doppelsitz, der den traditionellen BMW-Sattel ablöste. Insgesamt wirkte die Maschine solide und schwer, nicht zuletzt wegen der Earles-Typ-Vordergabel. Nach heutiger Auffassung gelten diese Art Gabeln optisch als unansehnlich, doch war ihre ausgezeichnete Querstabilität und die Möglichkeit, den Nachlauf zu ändern, ein unbestreitbares Plus. Man nahm an, daß sie auch Verwindungen des Vorderteils der Maschine reduzieren halfen und sogar bei einem Aufprall eine Art Schutzwirkung hatten. Ein Fahrer äußerte einmal seine Erfahrungen drastisch so: „Prallt man mit einer R60 auf ein Auto, dann bricht der Wagen in der Mitte auseinander!" Wie die heutige R65 war schon die R60 mit 18-Zoll-Rädern bestückt, wie alle BMWs seit Mitte der dreißiger Jahre — vorher waren die riesigen 26-Zoll-Apparate üblich gewesen. 1960 erschien die R60/2 mit dem 500er-Motor, der immerhin 30 PS leistete. Um ein Spezial-Modell handelte es sich bei der R69S, einer Sportversion, die bei Straßenrennen und Rekordversuchen viele Erfolge errang.

Die Kompakt-BMW R65 und die neueste Version R65LS, die sich von ihrer Schwester äußerlich durch das lenkerfeste Cockpit unterscheidet, sind als Tourenmaschinen der Mittelklasse gedacht. Neben ihren schon erwähnten hervorragenden Fahreigenschaften besitzen sie noch eine Besonderheit: neuartige Aluminium-Compound-Räder mit besonders widerstandsfähigem, sternförmigem Gußradkörper.

Der BMW-Tradition gemäß verzichtete man auch bei diesen Modellen auf abrupte Neuerungen, sparte indessen nicht mit — von Kritikern gern als reine „Kosmetik" verschrieenen — Modifikationen, wie ja die Münchner überhaupt gern optimieren, verfeinern, perfektionieren und ausreifen. Das BMW-Konzept darf trotzdem für sich in Anspruch nehmen, realistisch zu sein: Hier wird nicht am Markt „vorbeiproduziert". Und so mag die moderne R65 und ihre LS-Version zwar rasant und „hungrig" aussehen, ihre Grundverbindung zur R60 ist noch immer erkennbar.

R 45

Sie wird wahlweise mit 35- oder mit 27-PS-Motor angeboten und nimmt in der Palette der BMW-Motorräder die Position des Einstiegsmodells ein. Gern setzen sie Fahrschulen ein, weil sie sich speziell für den Anfänger hervorragend eignet: Ihre Gutmütigkeit und die Sicherheit vermittelnden „sanften" Fahreigenschaften sind geradezu sprichwörtlich.

Auf ausländischen Märkten steht die R45 einer ganzen Armada von Konkurrenten in ihrer Klasse gegenüber, doch vermochte sie sich aufgrund ihres sportlichen Images gerade bei jungen Fahrern beliebt zu machen. Während die Massenprodukte anderer Marken unablässig mit den neuesten Neuigkeiten bestückt werden und ständig ein neueres Modell „nachgeschoben" werden muß, um in

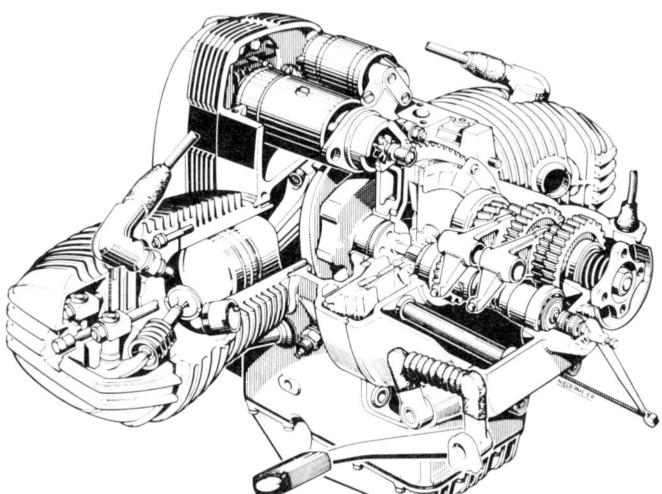

R 45-Triebwerk

Mode zu bleiben, behielt die R45 fast immer ihr gewohntes Aussehen.

Für den erfahrenen Fahrer jedoch bietet die R45, auch in der 35-PS-Version, wenig Reiz; für ihn ist in der Tat die R65 — äußerlich der R45 gleich — das richtigere Motorrad. Es gibt allerdings nicht wenige Händler mit der Überzeugung, daß BMW mit der R45 nicht das richtige Einstiegsmodell anbietet und auf diesem Gebiet eine ganze Menge verschenkt.

Wie schon erwähnt, folgte BMW in den sechziger und siebziger Jahren dem Trend zum schwereren und stärkeren Motorrad. Das Konzept der R45 basiert deshalb auf einer Marktstudie, die ermittelt hatte, daß eben doch ein Bedarf für eine kompakte, billigere Maschine vorhanden war, die allerdings den traditionellen BMW-Qualitätsmaßstäben gerecht werden sollte. Die Techniker der weiß-blauen Marke hatten schon einmal vor diesem Problem gestanden: Inflation und Versteuerungs-Regelungen der Vorkriegszeit hatten damals die „Nutz-Fahrzeuge" geschaffen, und nach dem Krieg waren erst recht billige Transportmittel wie das Zweirad vonnöten. In beiden Fällen erzielte man Wirtschaftlichkeit durch angepaßte Leistung, statt ausschließlich eine „Billig"-Lösung anzubieten.

Die Problemlösung für die achtziger Jahre war indessen die R45, eine elegante Maschine, jedoch nicht ganz so sophistisch wie die größeren Modelle, die sich aber zufriedenstellend auf ihrem Platz behauptet. In wirtschaftlich schlechteren Zeiten besaßen die „kleinen" BMWs simplere Einzylindermotoren und eine einfache Basisausstattung. Die Entscheidung, die R45 als Zweizylinder zu konzipieren, beruht auf der langjährigen Auffassung, der man sich bei BMW natürlich anschließt, daß die Untergrenze für ein einzylindriges Triebwerk die Klasse bis 500 cm^3 Hubraum sein sollte. Wie die „Kleinen" sich anpaßten, mag ein Vergleich des Programms von 1936 mit dem des Jahres 1983 verdeutlichen; 1936 war bekanntlich eins der stärksten Jahre in der BMW-Geschichte, in das der damals absolute Weltrekord von 272 km/h und ganz erstaunliche Produktionszahlen fallen.

Modelle 1936

R2 stehender Einzylinder mit 8 PS und 198 cm^3
R3 stehender Einzylinder mit 11 PS und 305 cm^3
R4 stehender Einzylinder mit 14 PS und 398 cm^3
R5 Boxer mit 24 PS und 494 cm^3
R12 Boxer mit 18 PS und 745 cm^3
R17 Boxer mit 33 PS und 734 cm^3

Modelle 1983

R45 Boxer mit 27/35 PS und 473 cm^3
R65/R65LS Boxer mit 50 PS und 650 cm^3
R80G/S, R80ST und R80RT Boxer mit 50 PS und 798 cm^3
R100 Boxer mit 67 PS und 980 cm^3
R100CS Boxer mit 70 PS und 980 cm^3
R100RT Boxer mit 70 PS und 980 cm^3
R100RS Boxer mit 70 PS und 980 cm^3

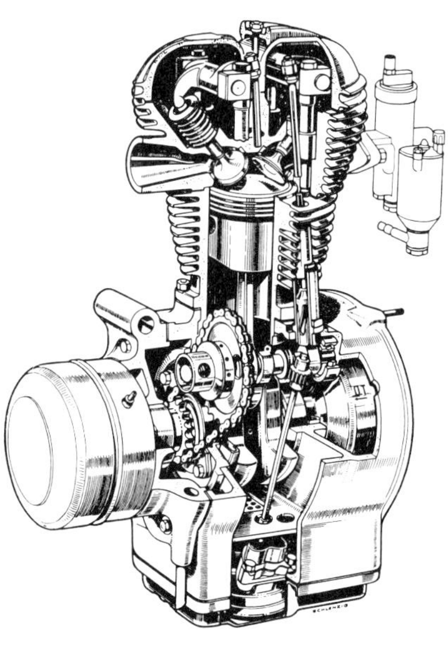

BMW-Einzylinder von innen

Die erste Einzylinder-BMW erschien als Modell R39 bereits 1925 und blieb bis 1938 im Programm. Die erste Maschine, die BMW nach dem Krieg bauen durfte, war die R24, eine Weiterentwicklung der Vorkriegs-Einzylindermaschinen. Dann gab es einmal einen Zweitakt-Boxer mit Kardan, aber nur als Prototyp, der nie in Produktion ging. BMW-Einzylinder gab es bis zum Jahre 1967, als die Produktion der R27 mit 18 PS eingestellt wurde. Sie hatte sich hauptsächlich im Seitenwagenbetrieb bewährt; als Solomaschine aber ging sie Ende der sechziger Jahre im Ansturm der Japaner unter.

In der 60jährigen Geschichte von BMW erfuhren die Motorräder gewiß eine ganze Menge Veränderungen, doch ist der Glaube an das ursprüngliche Konzept noch immer spürbar. Bis jetzt blieben BMW-Fahrer verschont von der überspannten Raffinesse manches Multizylinder-Konzepts, überschneller Modellfolge, unausgereifter Technik und modeorientiertem Schnickschnack, Ersatzteilproblemen und miesem Wiederverkaufswert. Statt dessen bewahrt man bei BMW Stil, Kultiviertheit und Ausgewogenheit und kann bei aller Modernität auf die traditionelle Perfektion der Marke hinweisen, die mit Recht stolz darauf ist, daß die Wurzeln dieser Tradition noch immer sichtbar sind.

Einzylinder-R 25 Baujahr 1950

Die BMW-Behörden-Maschinen

Es ist gar keine Frage, daß Motorräder nicht nur für die Freizeit, das Hobby, den Spaß und die wenigen warmen Sommertage da sind. Der Kauf eines Zweirads erfolgt oft nur deshalb, weil es seinen Besitzer zur Arbeitsstätte bringen soll. Natürlich eignet sich eine BMW wegen ihrer Zuverlässigkeit und Bequemlichkeit auch dafür, doch hat in unseren Breiten das Auto — speziell im Winter — das Motorrad als reines Transportfahrzeug weitgehend verdrängt. Dabei sind gerade in den verstopften Citys Zweiradfahrer mit der ungleich besseren Manövrierfähigkeit und Wirtschaftlichkeit ihrer Fahrzeuge den Autofahrern gegenüber stark im Vorteil. Auch sind die Servicezeiten, während der die BMW zur Wartung in der Werkstatt und deshalb nicht einsetzbar ist, minimal; ihr großer Aktionsradius und ermüdungsfreier Einsatz machten die BMW deshalb zur idealen Maschine für die Verkehrsüberwachung in vielen Ländern.

Aber nicht nur staatliche Einrichtungen vertrauen auf die weiß-blauen Motorräder aus München, auch private Untenehmen wickeln ihre Kurierdienste mit BMW-Maschinen ab: Da werden Fernsehfilme, Arzneimittel, Dokumente oder Computerprogramme transportiert. So rollt zum Beispiel in der amerikanischen Bundeshauptstadt Washington eine Flotte von 60 BMWs, die Akten von einer Behörde zur anderen bringen; der WDR benützt BMWs mit Funkausrüstung; in London laufen für die BBC und die private Fernsehgesellschaft ITN R65-Maschinen, die Film- und Nachrichtenmaterial etwa zwischen Flughafen und Sender transportieren; auf britischen Motorways patroullieren Helfer der Automobile Association (AA) auf BMW-Maschinen; in Deutschland setzt der ADAC zu besonderen Zeiten ebenfalls BMWs ein. Für den Einsatz in Fahrschulen gibt es eine R45-Spezialmaschine mit CB-Funk und fluoreszierender Aufschrift; bei Demonstrationen, Radrennen und Katastrophenfällen sind BMWs im Einsatz; man hat schon BMW-Maschinen zum Abschleppen verwendet, und auch die Post wurde schon mit ihnen befördert, ihr typischster Einsatz aber geschah bei der Polizei und dem Militär.

Als die deutsche Wehrmacht in den dreißiger Jahren wieder aufrüstete, beschaffte sie Modelle wie die R35, die R4, die R12 und später die R71 mit Seitenventil-Motor. Die schweren Maschinen wurden meist mit einem of-

Fahrschul-Version der R 45

R 5-Maschinen wurden von Wehrmachtsangehörigen bei Zuverlässigkeitsfahrten eingesetzt

fenen Seitenwagen gefahren und dienten hauptsächlich zum Patrouillendienst in leichtem Gelände oder auf schmalen Straßen. Trotz ihrer harten Federung erwarb sich die R4 bald die Bezeichnung „der Springer", was ihr besonders bei den Geländewettbewerben der damaligen Zeit einen gewissen Ruf einbrachte.

Armee- und Polizeimannschaften errangen bei solchen Geländefahrten eindrucksvolle Siege, und einer der herausragendsten Männer dieser Sparte war „Schorsch" Meier. 1910 in Mühldorf geboren, wurde der junge Bayer 1932 Landpolizist in der Provinz. Bereits im Jahr darauf wurde er von seiner vorgesetzten Dienststelle für die Teilnahme an der 2 000-km-Fahrt durch Deutschland abkommandiert, bei der er sich auf Anhieb als schnellster Mann des schnellsten Teams bewährte. Zusammen mit Josef Forstner und Fritz Linhardt, ebenfalls Polizisten, bildete er das später legendär gewordene Trio der „drei Gußeisernen", einmal so genannt wegen ihrer Polizeistahlhelme, zum anderen wegen ihres unerschütterlichen Durchhaltewillens. Sein Erfolg bei der Deutschlandfahrt öffnete Meier das Tor zu BMW: Er erhielt von da ab Werksunterstützung. Es gab in den Dreißigern kaum einen Motorradsport-Wettbewerb, bei dem die drei Gußeisernen sich nicht beteiligten und siegten.

1937 bestritt Schorsch Meier dann sein erstes Straßenrennen auf dem Hockenheimring, wurde 1938 deutscher und Europameister und heimste bis 1939, also bis der Krieg ausbrach, eine Unzahl spektakulärer Siege ein. Auch nach dem Krieg errang Meier noch grandiose Erfolge, ehe er 1953 den aktiven Rennsport aufgab. Seither ist der leutselige, humorige und fesche Bayer bei jedem Veteranentreffen der Mittelpunkt, wenn er in Erinnerungen schwelgt: „Mir san damals auch noch g'fahrn, wenn nur mehr der halbe Lenker dran war!" Männer seines Kalibers waren selten, so wundert es nicht, daß der Schorsch Meier untrennbar mit BMW verbunden ist, denn er war einer von denen, die die weiß-blaue Marke in der ganzen Welt bekannt machten.

Das berühmteste Modell, das BMW für die deutsche Wehrmacht baute, war zweifelsohne das R75-Gespann. Es sollte, wie der Jeep der Alliierten, absolut geländegängig sein. Die Maschine hatte vier Gänge für die Straße, vier fürs Gelände, zwei Rückwärtsgänge und Seitenwagenantrieb. Diese Übersetzungen erlaubten dem Fahrzeug jede Geschwindigkeit zwischen drei und 95 km/h, es konnte notfalls sogar einen Panzer ziehen! Hauptsächlich wurde die R75 in Nordafrika und an der russischen Front eingesetzt; für Afrika wurde sie mit einem extra großen Staubfilter bestückt, in Rußland dagegen, wo die Temperaturen oft bis 30 Grad unter den Gefrierpunkt sanken, verschaffte eine Art Heizung für Hände und Füße den Kradfahrern etwas Behaglichkeit: Vom Auspuffsystem wurde dazu heiße Luft abgeleitet. Das mit drei Mann in voller Ausrüstung samt Waffen beladene Gefährt wog natürlich fast eine Tonne, da brauchte man die Rückwärtsgänge, die neuartigen hydraulisch betätigten Bremsen und die Differentialsperre am Seiten-

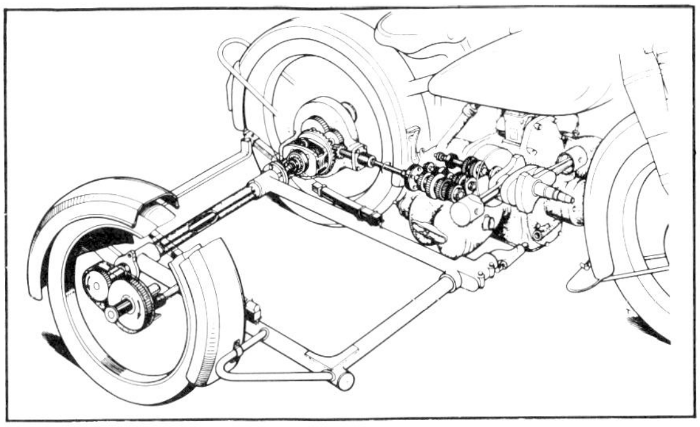

Schematische Darstellung des Hinterrad- und Seitenwagenrad-Antriebs der R 75

wagenrad notwendig, um nicht in Schwierigkeiten zu geraten.

Es gab kaum ein Hindernis, mit dem die R75 nicht fertig geworden wäre, der sehr hoch angebrachte Luftfilter ließ sogar Durchfahrten durch tiefes Wasser zu. Allerdings brauchte es eine ordentliche Portion Können, um mit dem Gespann richtig umzugehen, und das war genau der Punkt, der es dem leichten, leichter beherrschbaren Jeep unterlegen machte.

Die R75 wurde im Werk Eisenach produziert; zwischen 1941 und 1944 entstanden dort zirka 16 500 Stück. Verantwortlich für das R75-Projekt war Diplom-Ingenieur Alex von Falkenhausen, der 1934 zu BMW gekommen war. Nicht vergessen werden darf bei der Geschichte der R75, daß es Zündapp war, die den Differentialtrieb zum Hinter- und Seitenwagenrad zuerst entwickelt hatten und ebenfalls eine Wehrmachtsmaschine bauten, die KS 750. Zuvor freilich hatte schon FN in Belgien ein Gespann mit Seitenwagenantrieb gebaut, ebenfalls Gnôme-Rhone in Frankreich. Bei der Gnôme-Rhone handelte es sich im übrigen um einen Lizenzbau des britischen ABC-Boxers. Durch den Differentialantrieb waren ihnen aber die beiden deutschen Gespanne weit überlegen, sie waren insbesondere in Kurven weitaus fahrsicherer.

Nach dem Krieg rüstete die deutsche Bundeswehr einige Einheiten wieder mit BMW-Maschinen aus, später wurden sie dann durch leichte, geländefähige Solomaschinen von Maico und Hercules/Sachs ersetzt.

Als ideales Fahrzeug erwies sich die BMW für die Polizei. Bereits in den zwanziger Jahren war die deutsche Polizei BMW-motorisiert; in den Dreißigern saßen die Ordnungshüter auf sportlichen R51-Maschinen, und in den fünfziger Jahren wurde die R50 mit der schweren Spezialverkleidung, Blaulicht und Funkanlage auf dem Rücksitz ungemein populär. In einigen Bundesländern wurden die Maschinen weiß lackiert, und weil die Fahrer in weiße Monturen gekleidet waren, hießen sie im Volksmund die „weißen Mäuse". Heute sind in 83 Ländern der Welt Polizeieinheiten mit BMW-Maschinen ausgerüstet: Von Abu Dhabi bis Zaire trifft man die Vertreter von Law and Order auf Maschinen der weiß-blauen Marke aus München. Um allen Wünschen der jeweiligen Länder-Administrationen gerecht zu werden, bietet BMW insgesamt zehn verschiedene Modelle und eine lange Liste von Spezialzubehör an. Einige dieser Extras haben sich inzwischen auch für den normalen Käufer als wünschenswert erwiesen und sind als Zubehör lieferbar, wie etwa das besonders tief herunterreichende vordere Schutzblech, das eine viel bessere Funkton als das serienmäßige besitzt. Die Liste der Sonderausstattungen ist riesig und umfaßt spezielle Modifikationen am Triebwerk und am Fahrwerk sowie elektrische Einrichtungen.

Sonderausstattungen für werksseitigen Einbau an Polizeimaschinen

Änderungen

am Motor: Geringeres Verdichtungsverhältnis (für Länder mit niederoktanigem Benzin), Kickstarter, Ölkühler, Schaltwippe, völlige Funk-Entstörung;

am Fahrwerk: Integrierte Cockpitverkleidung, Nivomat, Spezialdämpfer für schweres Gelände, Guß- statt Draht-Speichenräder, Doppelbremsscheiben für die kleineren Modelle, Lenkungsdämpfer.

Ausschwenkbare Zusatzleuchten sind Sonderausstattung für Behördenfahrzeuge

Polizeistaffel der Vorkriegszeit auf BMW-Maschinen

Die französische Gendarmerie fährt seit Jahren BMW-Maschinen

Als diese Anzeige in der britischen Presse erschien, erhob sich ein Sturm der Entrüstung darüber, daß Regierungsaufträge statt an die heimische Industrie ins Ausland gegeben wurden

It takes one to catch one

On two wheels or four, only one thing compares with a BMW. Another BMW.
A powerful combination of road-shrinking acceleration, tenacious roadholding and perfect response that stands distinguished on motorway or race circuit.

Übergabe der 1000. Polizeimaschine an die BMW-Staffel in Hampshire

Elektrik: Sirene, alternative Horntöne, Erkennungsbeleuchtung in Rot oder Blau, 360-Grad-Unfallwarnleuchte, Warnblinkleuchten, Steckdose.

Sonstiges

Zubehör: Chopperlenker, Gasgriffsperre, um ohne Geschwindigkeitsverlust Anweisungen an Verkehrsteilnehmer geben zu können, Kraftstofftank mit extra großem Fassungsvermögen, Einzelsitz, Tourenschutzblech, hinterer Spritzschutz, Sturzbügel, Leder- und Plastik-Gepäckkoffer.

Wo BMW-Maschinen im Einsatz sind:

Abu Dhabi, Afghanistan, Algerien, Andorra, Angola, Argentinien, Ägypten, Äthiopien, Belgien, Benin, Brasilien, Burma, Chile, Comores, Curacao, Dänemark, Dschibuti, Dominikanische Rep., Deutschland, Ecuador, Elfenbeinküste, Finnland, Frankreich, Gabun, Ghana, Griechenland, Groß-Britannien, Guinea-Bissao, Guinea-Konakry, Iran, Israel, Italien, Jordanien, Jugoslawien, Kamerun, Kongo, Kulumbien, Korea Nord und Süd, Kuweit, Liberia, Libyen, Luxemburg, Madagaskar, Mali, Mauretanien, Marocco, Niederlande, Niger, Norwegen, Österreich, Oman, Obervolta, Paraguay, Peru, Philippinen, Portugal, Qatar, Rumänien, Sambia, Senegal, Sierra-Leone, Somalia, Südafrika, Spanien, Sudan, Surinam, Schweiz, Schweden, Taiwan, Tschad, Togo, Tunesien, Türkei, Ungarn, Uruguay, UdSSR, Venezuela, Jemen, Zentralafrika, Zaire.

Das elegante Äußere macht die BMW zur prädestinierten Eskorte bei offiziellen Anlässen. In einigen Ländern besteht eine Spezialeinheit auf BMW-Motorrädern für die Begleitung königlicher oder hochgestellter Regierungs-Persönlichkeiten.

Daß die BMW nicht selten die Produkte der heimischen Motorradindustrie aussticht, wird am Beispiel Englands deutlich. Bis in die siebziger Jahre verwendete die britische Polizei entweder Triumph- oder Norton-Twin-Maschinen, und obwohl keine der beiden für diese Zwecke ideal war, stand nicht in Frage, daß die britische Polizei britische Motorräder einsetzte. Das Hauptübel beider Maschinen waren ihre Vibrationen, die allen Parallel-Zweizylindern angeboren sind. Diese nun führten dazu, daß jedes Spezialzubehör abvibrierte und die Maschinen länger in der Werkstatt als im Einsatz waren. Auch klagten die Fahrer über unzumutbare Ermüdung, was der Einsatz-Aufgabe auch nicht gerade dienlich war. Hinzu kamen der Niedergang der britischen Motorradindustrie, der dem Vordringen der Japaner Vorschub leistete, und die nicht mehr gewährleistete Ersatzteilversorgung: Triumph und Norton waren für den Polizeidienst untauglich geworden.

Ordnungshüter im Einsatz

Eine R 75/6 der griechischen Polizei auf Korfu

Münchener Verkehrspolizisten eskortieren japanische BMW-Händler beim Aufbruch zu deren Fahrt durch Bayern 1981

Während der Hauptreisezeit stehen ADAC-Stauberater auf R 80 RT-Maschinen auf den Bayerischen Autobahnen streßgeplagten Touristen mit Rat und Hilfe bei

Als die Motorrad-Streife der Verkehrspolizei des Themsetals die ersten zwei BMW-Maschinen in Dienst stellte, ging dies nicht ohne eine Parlamentsdebatte und schier endlose Diskussionen in den Medien vonstatten: Die nationalstolzen Briten weigerten sich einzusehen, daß ausgerechnet die Regierung im Ausland einkauft; nicht wenige Engländer warfen ihrer Administration Verrat an der heimischen Wirtschaft vor. Dabei lagen die Vorteile für die Entscheidung, BMW-Maschinen einzusetzen, klar auf der Hand. Die Serviceintervalle der BMW waren länger, die Ersatzteile — die sich meist auf Kerzen, Glühbirnen, Filter und Bremsklötze beschränkten — standen schnell zur Verfügung, der Unterhalt der Kräder war preiswert, die Fahrer zeigten auch nach stundenlangem Streifefahren keine Ermüdungserscheinungen, und last but least war die Wartung der BMWs viel leichter: Die gleiche Anzahl Mechaniker, die zuvor 60 Triumphs und Nortons gewartet hatten, kümmerte sich nun um 86 BMWs.

Das größte Plus der Bayerinnen aber schien dem britischen Einsatzkommando die enorm lange Lebensdauer zu sein. Brachte es eine Triumph im Glücksfall auf höchstens 40 000 km, so liefen die beiden ersten BMW-Maschinen, die die Themse-Patrouille in Dienst gestellt hatte, immerhin 160 000 Kilometer, ehe sie 1980 verkauft wurden!

BMW — die optimale Tourenmaschine

Verbraucherbefragungen zeigen immer wieder, daß BMW-Besitzer jährlich beträchtlich mehr Kilometer zurücklegen als der Durchschnitt. Das hat seinen Grund darin, daß BMW-Fahrer jedes Wochenende weite Touren unternehmen und auch mit der Maschine in Urlaub fahren. Und so ist auch das am häufigsten genannte Argument für den Kauf einer BMW ihre besondere Touren-Tauglichkeit.

Von jeher gab es Leute, die ausschließlich wegen des Genusses, dem „Spaß an der Freud", Motorrad fuhren, für manche von ihnen wurde das sogar eine Art Sucht. Sie würden sich nie in ein Auto setzen, um spazierenzufahren, so bequem es auch sein möge. Sie brauchen das Gefühl, sich vom Fahrtwind umfächeln zu lassen und verabscheuen die Isolation des vollklimatisierten Containers Automobil. Diese Windgesichter wollen selbst schnuppern, wie die Welt riecht: Für sie ist es ein Vergnügen, den Tannenduft eines Waldes, den Geruch einer Brauerei oder den Duft frischen Heus zu riechen; die abwechslungsreiche Szenerie der vorbeifliegenden Landschaft zu erleben, Kilometer zu „fressen", weit herumzukommen, und das alles mit dem Gefühl der persönlichen Freiheit, tun und lassen zu können, was einem gerade gefällt, zu bummeln, sportlich zu fahren — oder auch zu „räubern", rasant zu überholen und dabei sicher, beherrscht und der jeweiligen Fahrsituation angepaßt zu agieren. Es gibt kein schöneres Gefühl als das am Ende einer langen Fahrt, wenn man voll von Eindrücken die Maschine abstellt und in Erinnerungen schwelgt. Touren mit dem Motorrad vermitteln noch das früher gekannte Gefühl der Lust am Reisen, etwas, was beim Autofahren längst verloren gegangen ist. Ein Autofahrer sitzt meist passiv in seinem Wagen und rollt mehr oder weniger teilnahmslos an der Landschaft vorbei. Motorradfahrer dagegen nehmen ungleich intensiver wahr, was um sie herum geschieht. Das muß allerdings auch so sein, denn schon ein momentaner Konzentrationsfehler kann unheilvoll sein. Der Fahrer eines Zweirads wird stets ein wachsames Auge auf die vor ihm liegende Strecke haben, er muß praktisch die Straße „lesen", will er Schlaglöcher,

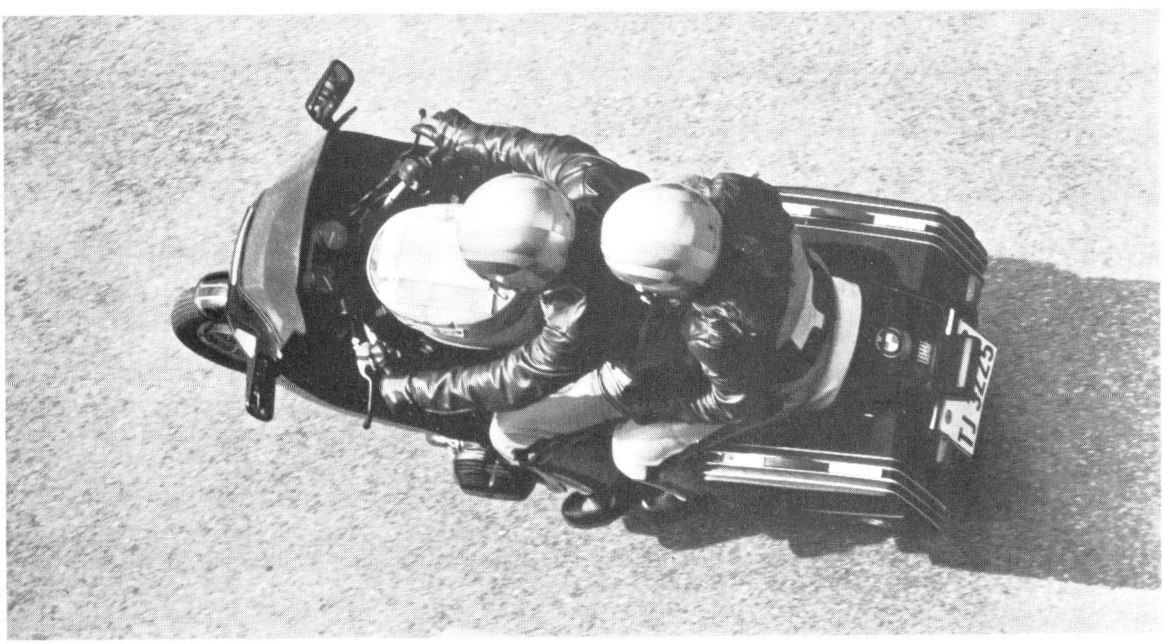

Touren-Fahren im BMW-Stil

Schwer beladene BMW-Maschinen, viele davon für Langstrecken-Touren ausgerüstet, bei der Internationalen BMW-Rallye in Saxmundham in Suffolk

Bodenwellen, feuchtes Laub, Sand- oder Ölspuren und Pfützen rechtzeitig erkennen. Auch sollte er seine eigene Leistungsfähigkeit kennen und eventuell kleine Erholungspausen einlegen. Am Ende einer Fahrt reiste der Motorradfahrer nicht in einer Zeitmaschine oder einem Weltraumschiff, sondern er bewegte sich in einem Korridor mentaler Geschicklichkeit. Er passierte die ihn umgebende Landschaft nicht als Uninteressierter — er hat sie gespürt, gefühlt — wirklich erlebt.

Man braucht ein so gutes Motorrad wie die BMW, wenn solche Fahrten den ersehnten Genuß bringen sollen. Die BMW ist deshalb ein so guter Tourer, weil sie einen gelungenen Kompromiß darstellt zwischen der erwünschten Bequemlichkeit und den andererseits oft harten Realitäten des Motorradfahrens.

Eine BMW kann für sich in Anspruch nehmen, alle wichtigen Elemente zum Fahren eines Motorrads zu besitzen und sie in einer höchst anspruchsvollen Verpakkung zu präsentieren, die eine ganze Reihe von Schwierigkeiten gar nicht erst aufkommen lassen. Tourenfahren bedeutet mit Sicherheit nicht, am Wegrand reparieren zu müssen, ständig die nächsterreichbare Tankstelle anpeilen oder lange Strecken auf der Autobahn zurücklegen zu müssen, weil mit schwerem Gepäck oder Sozius das Gefährt für die landschaftlich reizvolleren Nebenstraßen zu unhandlich ist. Der wirklich echte Genuß am Tourenfahren stellt sich erst ein, wenn der Fahrer sicher sein kann, jederzeit bequem und sicher überallhin gelangen zu können.

Jedes der BMW-Modelle besitzt Tourenqualität, doch kann man die RS und die RT wegen ihrer besonderen Leistung als *die* Tourer schlechthin bezeichnen. Die BMW-Merkmale, die den Tourenfahrer ansprechen, haben sich seit Jahren bewährt. Der Boxermotor hat genügend flexible Leistung, um tagelang klaglos schwerste Lasten zu tragen. Die Maschine verfügt auf kleinen Nebenstraßen, normalen Landstraßen und Autobahnen über die gleich gute Straßenlage und trägt den Fahrer auch 800 km weit ermüdungsfrei und bequem durch die Lande. Da der Benzinverbrauch sich in Grenzen hält und eine Tankfüllung an die 300 km reicht, braucht der Fahrer nur selten einen Tankstopp einzulegen. Noch nie hatte es ein BMW-Fahrer nötig, unterwegs irgendwelche Routinearbeiten an der Maschine vornehmen zu müssen: Er braucht keinen Gedanken an die Mechanik seiner Maschine zu verschwenden und kann sich voll dem Fahrgenuß hingeben.

Trotzdem stattet BMW jedes Motorrad mit einem hervorragend bestückten Bordwerkzeug aus, weil kein technisches Instrument je ganz fehlerlos arbeitet. Nach zweibis dreitausend Kilometern allerdings sollte das Motorrad durchgecheckt werden, um es in optimalem Zustand zu halten. Die simple Bauweise des BMW-Motors und des Antriebssystems ermöglichen, daß derartige Checks leicht und schnell zu erledigen sind. Die komplette Kapselung des Triebwerks bewahrt den Fahrer vor der unangenehmen Säuberung des verdreckten Motors. Und sogar eine so lästige Angelegenheit wie eine Reifenpanne — womöglich noch bei schlechtem Wetter — verliert durch die einfache Demontage der Räder viel von ihrem Schrecken.

Es ist ganz erstaunlich, was zum Beispiel ein tourenfahrendes Paar an Kleidung und Ausrüstung auf einer BMW verstauen kann. Bei der RT etwa kann Gepäck im Tankrucksack, den Ablagefächern der Verkleidung und in den Koffertaschen seitlich neben und über dem Hinterrad mitgeführt werden; jedenfalls eine Menge Zeug, ehe das zulässige Gesamtgewicht von 440 kg erreicht ist. BMW achtete bei der Entwicklung von Zusatzstauräumen darauf, daß sie besonders stabil sind und keinesfalls die Fahreigenschaften der Maschine beeinträchtigen. Nachdem viele BMW-Fahrer lange Jahre in Ermangelung eines eigenen BMW-Packkoffers Krauser-Koffer verwendeten, die der Münchner BMW-Händler nach seinen Entwürfen in Eigenregie für BMW herstellte, bietet das Werk nun selbst produzierte Packkoffer an, die in den Farben der Maschine geliefert werden können und so äußerlich zum typischen BMW-Look beitragen, bis 130 km/h das Handling nicht negativ beeinflussen, abschließbar und dank eines Schnellanschlusses leicht abnehmbar sind und dann als schickes Handgepäck mit ins Hotel genommen werden können. Ein anderes Sonderzubehör für den Tourenfahrer sind heizbare Lenkergriffe sowie Zusatzscheinwerfer.

Mit dem zusätzlichen Vorteil der integrierten Verkleidung dürfte das Konzept der BMW als Tourenmaschine kaum noch zu verbessern sein.

Ausgefuchste Tourenfahrer bestücken ihre Maschinen manchmal mit ausgefallenem oder seltsam anmutendem Zubehör; besonders in der USA, wo Langstreckenfahren ein „Way of Life“ ist, ist derartiges Zubehör ein gutes Geschäft. Da finden sich nicht nur riesige „Heinrich“-Tanks, sondern auch seitliche Zusatztanks, die möglichst auch farblich mit der Lackierung harmonieren. Die Umstellung von einer auf zwei Kerzen pro Zylinder, die häufig praktiziert wird, soll bessere Wirtschaftlichkeit und eine allgemeine Leistungssteigerung bringen. Mancher Tourer schwört hier auch auf eine Fixierschraube für den Gasgriff, damit auf langen Geradeaussstrecken die rechte Hand entlastet werden kann, ohne Geschwindigkeit zu verlieren. Die integrale Verkleidung ist oft Spielplatz verschiedener Modifikationen: Von der manchmal phantastisch angehauchten Bemalung abgesehen, gibt es eine Art Klapp-Scheinwerfer, Geräte für den CB-Funk, HiFi-Radios und Bord-Gegensprechanlagen. Ein weiteres Zubehör für die Verkleidung wären ein Windabweiser und Handschützer für den S-Typ. Bei langen Reisen bewährten sich auch eine getrennte Sitzbank und eine Rücken-

Eine R 17 mit elegant-schmalem Steib-Beiwagen und speziellem Windschutz

Zwei Langstrecken-Tourer aus Wiesbaden bei ihrer Ankunft auf Korfu

stütze für den Sozius. Als Zusatzinstrument von großem Nutzen erwies sich eine Öltemperatur-Anzeige. Ein „Extra" freilich sollte nach Meinung vieler BMW-Besitzer besser serienmäßig sein: nämlich rostfreie Auspufftöpfe.

Die Frage, wo die Grenze für den Einbau von Zubehör gezogen werden sollte, wird unter Tourenfahrern immer wieder diskutiert. Viele stehen auf dem Standpunkt, daß nur wenige Extras ihre Maschine nicht verunzieren. Andere sind mit allem einverstanden, was sich als nützlich erweisen könnte. Eine der typischen Streitfragen ist zum Beispiel die, ob man Lack und Metallteile durch Plastik oder ähnliche Schutzvorrichtungen vor Verschleiß schützen oder ob man die BMW einfach in Schönheit dem natürlichen Verfall preisgeben solle . . .

Derartige Fragen entbehren nicht der Ernsthaftigkeit, denn seine Hinwendung zum Tourenfahren verbindet den Besitzer eng mit seiner Maschine. Um zusammen irgendwo hinzukommen, braucht es ein gewisses Maß an Einfühlungsvermögen. Die spezielle Eigenheit einer Maschine, also quasi ihre Persönlichkeit, muß erst einmal erforscht und verstanden werden; das führt meist dazu, daß die Besitzer ihrer Maschine einen Namen geben. Instinktiv weiß der Fahrer nach einiger Zeit, wieviel Choke er zum Starten geben muß, mit welchem Reifendruck er am besten fährt, wie er die Maschine belädt und welche Geschwindigkeiten geeignet sind, um die zu bewältigende Distanz sicher, bequem, entspannt und harmonisch hinter sich zu bringen. Tourenfahren heißt ja nicht einfach lange Strecken fahren, sondern perfekt reisen. Und das wird nur möglich, wenn man richtig auf der optimal abgestimmten Maschine sitzt und sie sicher beherrscht.

Vaclav Hamsik mit Familie an seinem R 61-Gespann. Für die erwähnte Reise montierte Hamsik einen Norton-Lenker und den Sitz einer Jawa, baute aber später die Originalteile wieder an

Naturgemäß variieren die Ansprüche der Fahrer, die sie an ihre Maschine stellen. Und so ist auch die Geschichte der BMW-Motorräder voll von außergewöhnlichen Reiseabenteuern, wie dem des englischen Journalisten Dave Minton, der im Winter 1978 auf einer /7 zum Nordkap fuhr. Drei Wochen dauerte die Tortur für Mann und Maschine, bei Temperaturen bis zu minus 30 Grad. Erst kürzlich bewältigte der Däne Hans Tholstrup mit einer R80G/S die Marathondistanz durch Europa, den Mittleren und Fernen Osten bis nach Indien und dann von Perth bis Sydney quer durch Australien.

Von solchen Touren kann Otto Normalverbraucher nur träumen. Für ihn beginnt die Saison meist im Frühjahr und erstreckt sich mit Wochenendtrips, längeren Reisen zu Sportveranstaltungen und dem Jahresurlaub bis zum Herbst. Doch kann man fast das ganze Jahr über in allen Ländern Europas BMW-Tourenfahrer treffen: Reisefans auf großer Fahrt. Nirgends aber bleibt ein eventuell Gestrandeter lange allein, denn BMW-Freunde finden sich im entlegendsten Winkel unserer Erde. Das BMW-Handbuch verzeichnet in Europa offizielle Werkstätten in 18 Ländern, sogar in der Sowjetunion: Sie befindet sich in Moskau in der Selskochosjajstwennij Nummer 2.

Im zeitigen Frühjahr findet in den USA der Trip nach Daytona statt; „Beemers", wie sie im US-Jargon gern genannt werden, fahren per Achse oder im Transporter nach Florida; im Herbst trifft sich die Gilde der Bikers dann wieder in Kalifornien. Dabei treibt der den Amerikanern eigene Hang zur Übertreibung oft skurrile Blüten, denn bei solchen Gelegenheiten sieht man Maschinen, die in unvorstellbarer Weise mit Zubehör so vollgepfropft sind, daß man sich wundert, daß sie auch noch fahren können.

Solche Kreationen stehen in krassem Gegensatz zu den Maschinen, die zu seltenen Gelegenheiten aus Ländern des Ostblocks kommen, altehrwürdige Veteranen nämlich, die in mühevoller Arbeit in Stand gehalten oder mit — oft eigenhändig hergestellten — Teilen repariert wurden. Einer jener Einzelgänger, die den Westen bereisen durften, ist der Tscheche Vaclav Hamsik, der 1979 mit seiner R61 die 3 500 km lange Strecke von Gottwaldov nach Schweden bewältigte. Zwei seiner Freunde besitzen ebenfalls BMW-Maschinen, der eine ein R75-Gespann und der andere eine R12 Jahrgang 1938.

Ein klassisches Land für Tourenfahrer ist der australische Kontinent mit seinen unermeßlichen Weiten. Die längste Tour jedoch, die je mit einer BMW unternommen wurde, war die Amerikareise von Daniel Liske auf einer R60 von Alaska zur Südspitze Feuerlands: 152 000 Kilometer legte der Weltenbummler dabei zurück. Später unternahm er eine Reise von Nordschweden nach Südafrika und spulte dabei 64 000 km ab.

Im Vergleich der OHV-R66 von vor 40 Jahren mit ihrem modernen Gegenstück R65S kann man erkennen, wie sich das Konzept des Tourenmotorrads seit damals geändert hat. Die R66 wurde aus der R6 entwickelt, einer der letzten Seitenventil-Maschinen von BMW. Sie hatte 30 PS und war auch für Seitenwagenbetrieb konzipiert, wie überhaupt alle BMW-Modelle der damaligen Zeit. Die leistungsstarke R66 besaß Hinterradfederung, ansonsten die Ausstattung der R51. Für längere Fahrten konnte ein Gummischwingsattel montiert werden, in Höhe und Weichheit verstellbar. Das Werkzeug war oben im Tank untergebracht, und den Tacho hatte man im Scheinwerfer plaziert. Immer noch aber besaß sie das seit der R5-Type verwendete Zweiwellen-Vierganggetriebe mit Fußschaltung und kleinem Hand-Hilfsschalthebel. Das tiefgezogene Schutzblech — das die Stilisten gar nicht mehr gern sahen — mit vergrößertem Spritzschutz vorn schützte Fahrer und Motor vor dem Straßenschmutz. Die Bekleidung der Tourenfahrer bestand damals aus schweren schwarzen Ölhaut-Sturmmänteln, Stulpenhandschuhen, Gummistiefeln und Schirmmütze. Die Alternative war ein Leinenanzug mit gewachster Oberfläche, der hervorragenden Schutz gegen Witterungseinflüsse bot, dessen Nachteile jedoch der eigentümlich strenge Geruch des Materials und die Plumpheit seines Zuschnitts waren. Heute bietet BMW Kleidung an, die sportlich, funktionell und elegant ist und die auch farblich zum Motorrad paßt.

Eigentlich brauchte es keine 40jährige Geschichte, um einen derartigen Kontrast verschiedener Vorstellungen hervorzubringen, den Unterschied zweier Welten nämlich, den manche BMW-Fans gern herausstellen. Auf der einen Seite steht für sie der wahre BMW-Enthusiast, der — einmal angenommen — etwa eine R60 besitzt, bestimmt aber kein Modell der Zeit nach 1969 (als, wie viele überzeugt sind, BMW aufhörte, echte BMW-Motorräder zu bauen!). Ihre Uniform ist der schwarze Barbour-Anzug und — natürlich — der Halbschalenhelm. Für sie bedeutet der Besitz einer BMW unablässiges Putzen, Pflegen und Tunen, die Mitgliedschaft in einem BMW-Club und regelmäßige gemeinsame Ausfahrten. Gelegentlich besteht die Liebe zu BMW auch darin, in mühevoller Kleinarbeit möglichst akkurat einen Oldtimer zu restaurieren, der dann stolz bei Rallies gefahren wird und zum Entzücken seines Besitzers Gegenstand der Bemühungen ebenfalls enthusiastischer Fotografen ist, die mit den Bildern ihre Alben füllen. Verbesserungen der Neuzeit oder gar Zubehör sehen sie als etwas an, das den Wert eines BMW-Motorrads schmälert.

Das andere Extrem ist der BMW-Besitzer, dem sein Motorrad einfach gefällt. Für ihn ist seine Maschine ein Gerät, das er benützt und keinesfalls etwas, woran er herumbastelt. Er läßt sein Motorrad schmutzig werden und fährt es bei jedem Wetter; er ist kaum an der Technik interessiert und überläßt Pflege und Wartung der Werkstatt. Da er dies jedoch nur sporadisch tut, ist seine Maschine reparaturanfälliger als andere, braucht mehr Ersatzteile und hat eine kürzere Lebensdauer. Zubehör, das ihm mehr Bequemlichkeit verspricht, kauft er unbedenklich. Ihn stört auch nicht der hohe Preis seiner Maschine, ist er doch der Auffassung, daß BMW-Maschinen die be-

Die R 66 mit 600 cm³ für Seitenwagenbetrieb

Eine restaurierte R 27 bei der BMW-Rallye 1981 in England

Eine etwas modifizierte R 27, die aber noch jeden Tag von ihrem Besitzer auf Korfu gefahren wird

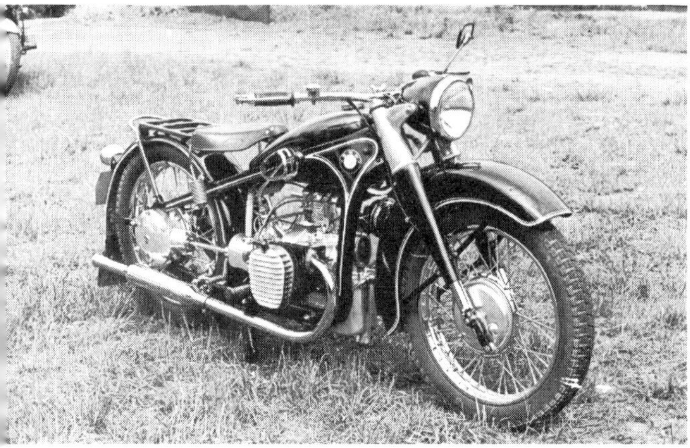

Diese hervorragend restaurierte R 12, Baujahr 1938, ist im Besitz des Tschechoslowaken Josef Sovjak in Gottwaldov

sten der Welt sind und daß sie deshalb eben nicht billig sein können.

Vielleicht ist es ein Teil des Erfolgs von BMW, daß es der Marke immer wieder gelingt, die Anhänger aus beiden Lagern zufriedenzustellen. Die grenzenlose Freiheit, die man mit einer BMW erleben kann, sind das Erfolgsrezept der Münchener; es kommt nicht darauf an, ob man mit dem neuesten Supermodell an die Riviera fährt oder, wie Vaclav Hamsik, mit einer alten R61 auf der Rüttelpiste der DDR-Autobahn nordwärts Richtung Schweden, an Dresden vorbei — ungefähr 260 km östlich ihrer Geburtsstätte in der ehemaligen BMW-Fabrik in Eisenach.

Tourenfahrer lieben den Gedanken- und Erfahrungsaustausch; ein Mittel dazu sind die Aktivitäten der weltweit bestehenden BMW-Clubs. Sie organisieren die verschiedenartigsten Veranstaltungen und arrangieren zum Beispiel Fahrten durch die nähere Umgebung oder auch Sternfahrten und Rallies ins Ausland. Auch über die Club-Zeitschriften informieren sich die Mitglieder gegenseitig.

Die R 68 Baujahr 1954

Artikel in diesen Zeitungen behandeln meist Möglichkeiten für den Tourenfahrer, seine Maschine durch Modifikationen und Zubehör noch optimaler zu machen, oder auch detaillierte Reisebeschreibungen. Auch werden dem Leser nützliche und interessante Einblicke in technische und historische Einzelheiten geboten, während die Leserbriefseite nicht selten von bösen Zuschriften frustrierter BMW-Fahrer nur so strotzt. Meistens beschweren sich Besitzer über die nachlassenden Qualitätsnormen; häufiger Gegenstand solcher Beanstandungen ist folgender: Eine neue Maschine, kaum eingefahren, braucht schon ein neues Getriebe, springt schlecht an, vibriert stark bei 4 250/min, die Lackierung platzt ab.

Von ungleich größerem und praktischerem Nutzen sind da schon die Leserbriefe, die Tips geben, etwa wie man seine Maschine pflegt und instand hält sowie die Anzeigen mit ganz speziellem Tourenzubehör. Für manchen frischgebackenen Besitzer einer BMW kann die Lektüre gerade dieser Seiten ebenso zum Hobby werden wie für andere Leute die Freizeitbeschäftigung mit HiFi oder auch der Photographie. Kann ein normales Ohr wirklich unterscheiden zwischen Gleichlaufschwankungen von 0,03 und 0,04 Prozent WRMS oder werden mit dem 3X-Konverter die Schnappschüsse tatsächlich so viel besser? Besessene Hobby-Fans denken so und darauf basieren auch all ihre endlosen Debatten. Da verspricht eine Anzeige zum Beispiel, daß durch den Wechsel vom simplen und erprobten Unterbrecher-System der /7-Typen zu elektronischer Zündung bessere Starteigenschaften und Verbrauchswerte zu erzielen seien. Wie viel besser — darüber ließe sich streiten, zieht man in Betracht, welch eine Vielzahl von Faktoren, von der Zündeinstellung einmal abgesehen, beide Systeme beeinflussen. Ähnlich liegt die Frage, ob die Fahreigenschaften der RT durch ein spezielles Luft-Dämpferelement oder ihre Leistung durch ein Sport-Kit verbessert werden können. Erörterungen solcher Probleme steigern das Gefühl der Zugehörigkeit zu einer exklusiven Gruppe, ganz sicher aber beleben sie die Konversation bei Club-Treffen.

Ein anderer Vorteil der Mitgliedschaft in einem BMW-Club ist — besonders im Ausland, wo BMW-Werkstätten nicht so zahlreich sind — die Möglichkeit, Spezial-Werkzeug auszuleihen. Auch gewähren verschiedene Teile- und Zubehör-Hersteller Clubmitgliedern Rabatt oder Discountpreise. Gerade diese Praktiken jedoch sehen das Werk, die Importeure und Händler gar nicht gern. Für sie hat das nichts mehr mit Idealismus zu tun, sondern ganz einfach mit unvertretbarer Wasserabgraberei — denn die Dumpingpreise verderben ihnen das Geschäft. In Extremfällen wird da von Clubmitgliedern auch schon als von Fanatikern gesprochen, die sich einbilden, ihren Traum vom gleißenden Prunkstück verwirklichen zu müssen und daraus ein Recht ableiten, bei jedem auftretenden Problem Vorzugsbehandlung fordern zu können.

Einige Clubmitglieder übertreiben ihre Passion so, daß sie davon überzeugt sind, mit dem Kauf ihrer Maschinen auch das Privileg erworben zu haben, im Service einen Sonderstatus zu genießen.

Ungnädig reagieren auch die meisten BMW-Besitzer, wagt ein Kritiker etwa am Image der „Besten aller Motorräder“ zu kratzen; Abstriche an ihrem technischen Standard oder Zweifel an ihrer Überlegenheit sind unerwünscht.

Fragt man einen BMW-Besitzer nach seinem Favoriten, weiß man sofort, was er für ein Mensch ist. Ist er ein neues Clubmitglied, dann wird er wohl die R65LS nennen, eins der neuesten BMW-Modelle mit hochgradiger Technik und sportlichem Erscheinungsbild. Der Interessent mittleren Alters wählt wahrscheinlich die RS, den Tourenfan lockt eher die luxuriöse RT. Die Generationsunterschiede werden sichtbar, wenn einige behaupten, nur die Typen vor der /7-Serie seien überhaupt noch echte BMWs. Aber das ist eine Sache des Standpunkts — müßig, darüber zu diskutieren; persönliche Ansichten sind nun einmal nicht vergleichbar.

Die heutige Modellreihe ist nicht nur eine Kompromißformel aus Traditionsbewußtsein und technischen Ansprüchen — sie wird vielmehr kompliziert durch stylistische und verkaufstechnische Gesichtspunkte, kosteneffiziente Baubeschränkungen, Exportbestimmungen und die allgemeine wirtschaftliche Situation. Die Einzigartigkeit von BMW besteht darin, daß die Münchener immer wieder ihre Position an der Spitze der Motorradindustrie behaupten, trotz Massenproduktion, Marktbeherrschung und Erfolgszwang der Konkurrenz.

„Benzin-Gespräche“ sind oft eine Unterhaltung im Schatten oder Schutz eines Zeltes bei Rallies, wo die ganze Vielfalt des Tourenfahrens voll zur Geltung kommt. Es gibt Tourer, die durchqueren einen ganzen Kontinent, nur um an einer Sternfahrt teilzunehmen, die im Grunde nichts anderes ist als ein Zusammentreffen von Enthusiasten auf einer Schlammwiese.

Neuerdings werden solche Rallies mit Discos, Sportwettbewerben oder sonstiger organisierter Unterhaltung aufgemotzt, die aber der typische, traditionelle Rallye-Fan gar nicht braucht: Ihm genügen ein Platz für Ma-

Redakteur John Ebbrell von *Motor Cycle Weekly* auf einem original restaurierten R 75-Wehrmachtsgespann mit Divisionsabzeichen und Munitionsbehältern, im Besitz der belgischen Brüder Hubert und Franz Verwoort (mit Wollmützen) — eine der typischen Maschinen, die 1969 am Elefantentreffen teilnahmen

Elefantentreffen 1969 auf dem Nürburgring

schine und Zelt und die Möglichkeit, andere Maschinen zu begutachten, sowie viele Gesprächspartner. 1981 veranstaltete der BMW-Club von Amerika eine Rallye, zu der über 6 000 Besucher mit 3 400 BMW-Maschinen auf die Dude-Ranch der Loretta Lynn in Hurricane Mills im Staat Tennessee anreisten. Jüngster Teilnehmer war ein 16jähriges Mädchen auf einer R75/5, und 17 Leute kamen sogar — mit ihren eigenen Maschinen — aus Frankreich, England und Deutschland.

Eine nicht sehr bekannte, wegen ihrer Schwierigkeit aber als besondere Herausforderung geschätzte Rallye ist die Alpenfahrt „In Moto Sulle Vette“ in den italienischen Alpen westlich von Turin. Die Sieger von 1981, Mario Artusio und Bruno Ciravegna, bezwangen dabei mit ihrer R100RS bzw. R90S den 3 136 Meter hohen Mount Chaberton, auf dessen Gipfel nur ein Maultierpfad führt, der nur wenige Wochen im Jahr — Ende August — schnee- und eisfrei ist.

Die bekannteste aller Sternfahrten aber ist natürlich das Elefantentreffen. Es entstand in den fünfziger Jahren aus einem Treffen einiger weniger BMW-Gespannfahrer, die sich mitten im Winter auf der Solitude bei Stuttgart zusammenfanden, um in der „toten“ Saison nach Herzenslust Benzin zu reden. Das Abenteuer einer Winterfahrt lockte immer mehr Begeisterte an; aus Platz- und Organisationsgründen verlegte man später das Elefantentreffen auf den Nürburgring. 15 000 Motorräder — längst nicht mehr nur BMWs — versammelten sich an jedem ersten Februarwochenende in der Eifel, wo Eiseskälte und tiefer Schnee eine echte Herausforderung für die Teilnehmer bedeuteten. Ein Spektakel ersten Ranges war die nächtliche Nürburgringrunde, die Lichterparade. Die Klassiker unter den Maschinen waren natürlich die „Grünen Elefanten“ von Zündapp, die alten Wehrmacht-Zündapps KS 750 und das BMW-Wehrmachtsgespann R75. Seit das Elefantentreffen auf dem Salzburgring stattfindet, hat es viel von seinem ehemaligen Charakter verloren; seiner Attraktion viel abträglicher aber ist, daß immer weniger Elefanten-Gespanne kommen.

BMW – die optimale Sportmaschine

Seit Mitte der siebziger Jahre beschränkt BMW seinen Einsatz im Motorsport auf den Automobilsektor; BMW-Motorräder findet man kaum noch in den Siegerlisten. Auf den Rennpisten in der ganzen Welt kreischen heute Zweitaktmotoren, gegen die der sonore Ton der Viertakter nicht mehr ankommt. Sogar im Gespann-Rennsport, einst eine Domäne der Viertakter, sind die Zweitaktmotoren beherrschend geworden. Allerdings war das nicht immer so: Die BMW-Historie ist ungemein reich an sportlichen Erfolgen.

Früher wie heute war und ist der Rennsport ein wichtiges Instrument bei der Entwicklung und dem Verkauf von Motorrädern. Schon die Vorbereitung eines rennsportlichen Einsatzes beinhaltet ein nicht geringes Maß an Hektik, die Ideen schärft und Kreativität schafft und somit der Entwicklung des Produkts und seiner ständigen Verbesserung nützt. Zeigte sich ein Motorrad auf der Piste als überlegen, so übertrug die öffentliche Meinung das auch auf seine Fähigkeit auf der Straße.

Bei BMW wandte man sich frühzeitig dem Sport zu, allerdings war der R32 auf den Rennstrecken noch kein großer Erfolg beschieden. Das änderte sich aber, nachdem die R37 mit dem M2B36-Motor mit im Kopf hängenden Ventilen und Stößelstangen geliefert wurde. Die Zylinder dieses „Sportmotors" waren querverrippt, hatten abnehmbare Zylinderköpfe und Ventilschutzkappen. Die Maschine hatte einen verkürzten Radstand, die Vordergabel war aus Chromnickelstahl gefertigt. Bereits im Jahr 1924 errang Franz Bieber mit der R37 die erste deutsche Meisterschaft für die Münchner, und im Jahr darauf wurde Josef Stelzer mit einer R39 deutscher Meister der 250-cm^3-Klasse.

Während der nächsten fünf Jahre beherrschten BMW-Werksteams den deutschen Rennsport. Das Geheimnis ihres Erfolges war der Kompressor, der die 500er und 750er Motoren, besonders auf schnellen Strecken, fast unschlagbar machte. Ein konventioneller Viertakt-Saugmotor arbeitet, indem er Luft ansaugt, die mit Kraftstoff gemischt ist, dann im Zylinder verdichtet und im Brennraum des Zylinderkopfs gezündet wird.

Normalerweise werden nur ungefähr 95 Prozent jeder Zylinderfüllung pro Arbeitstakt genutzt. Der Kompressor überlädt jeden Zylinder bis zu 150 Prozent. Der volle Effekt der Aufladung wird nur bei hohen Motordrehzahlen erreicht, aber er steigert Leistung und Drehmoment über den ganzen Drehzahlbereich. Auf langen Geraden vermochten die Kompressor-Maschinen die Konkurrenz förmlich stehenzulassen; 1927, 1928 und 1929 zeigten sich Paul Köppen und Ernst Henne mit ihren 500er BMWs als unschlagbar, als sie die berühmte Targa Florio in Sizilien gewannen.

1929 begann die Serie der Weltrekordfahrten, die Ernst Henne für BMW fuhr und die ihm und der Münchener Marke internationales Ansehen einbrachten. Auf der Ingolstädter Landstraße erreichte Henne mit einer 750er Maschine mit Kompressor die damals sagenhafte Geschwindigkeit von 216,05 km/h und holte damit zum ersten Mal einen Weltrekord nach Deutschland. Im Jahr darauf verbesserte er seinen eigenen Rekord auf 221,53 km/h, und in den folgenden sieben Jahren tauchte sein Name und der von BMW immer wieder in den Schlagzeilen auf, wenn von neuen Weltrekorden berichtet wurde.

Inzwischen fanden die Rekordfahrten nicht mehr auf der Ingolstädter Landstraße statt, sondern etwa auf der Straße von Wien nach Wiener Neustadt, in Tat in Ungarn oder auf der Autobahn bei Frankfurt. Die BMW-Techniker Schleicher und Hopf, die die Motoren für Hennes Rekordversuche vorbereiteten, konnten ihrem Weltrekordler 1935 ein Triebwerk mit immerhin 100 PS zur Verfügung stellen, mit dem Henne seinen Rekord auf 256,046 km/h schraubte. Nicht nur die Fabelzeit aber war es, die Furore machte; die Bilder in der Presse zeigten Henne mit einem neuartigen stromlinienförmigen Helm und einer etwas grotesk wirkenden Hutze am verlängerten Rücken, von der er sich einen besonders aerodynamischen Effekt versprach. 1936 fanden die Rekordversuche von BMW dann schon mit einem vollverschalten „Stromlinienei" statt.

Hennes Rekordfahrten reizten natürlich die Konkurrenz; 1937 gab es gleich zwei Herausforderer für den schnellen Münchner: Der Engländer Eric Fernihough erreichte mit seiner 995 cm^3 Brough Superior 272,6 km/h, und im Oktober fuhr der Italiener Piero Taruffi mit einer Kompressor-Gilera auf einem Autobahnstück bei Brescia 273,24 km/h. Die Testfahrten von BMW fanden inzwischen auf der Autobahn in der Nähe des Frankfurter Flughafens statt; alle deutschen Werke absolvierten dort ihre Versuche, wo später Bernd Rosemeyer während eines Rekordversuchs den Tod fand.

Am 28. November, morgens um vier Uhr — für diese Tageszeit hatten die Meterologen Windstille vorausgesagt — bestieg Henne wieder seine Rekordmaschine, bestückt mit einem 500-cm³-Triebwerk mit Kompressor, und schraubte den Weltrekord auf 279,503 km/h. Es war Hennes 76. Weltrekord, und der sollte 14 Jahre bestehen bleiben! Erst 1951 gelang es Wilhelm Herz mit einer 500er Kompressor-NSU, die Bestmarke auf 290,3 km/h zu verbessern.

Von den Geschwindigkeitsrekorden abgesehen, wurden die sportlichen Erfolge von BMW überwiegend im Gelände errungen. Nur gegen Ende des Jahrzehnts vermochten auch die 500er Kompressor-Rennmaschinen mit den zwei obenliegenden Nockenwellen die Rennstrecken zu beherrschen. 1936 und 1937 siegte Otto Ley beim Großen Preis von Schweden, Karl Gall beim Großen Preis von Deutschland 1937, beim Grand Prix von Ungarn und bei der Dutch TT. Der Engländer Jock West gewann 1937 und 1938 den Ulster Grand Prix in Irland und beteiligte sich 1937 mit seiner BMW auch zum ersten Mal an der Tourist Trophy auf der Isle of Man, dem damals schwersten und berühmtesten und völlig von englischen Fahrern und Maschinen dominierten Rennen. Das Werk stellte West eine Maschine mit Federrahmen zur Verfügung, mit der er den sechsten Platz belegte, nachdem er zeitweise hinter dem späteren Sieger Freddie Frith an zweiter Stelle gelegen war, ehe ihn ein Riß im Tank zum Nachtanken an die Box zwang.

1938 schickte BMW ein eigenes Werksteam auf die Isle of Man, bestehend aus Karl Gall, Jock West und Schorsch Meier. Letzterer galt zu der Zeit als der unschlagbare Mann bei allen Gelände- und Zuverlässigkeitsfahrten; trat er bei einem Wettbewerb an, konnten sich seine Konkurrenten höchstens Hoffnung auf den zweiten Platz machen. Im Herbst 1937 hatte Schorsch Meier auf dem Hockenheimring sein erstes Straßenrennen bestritten und dabei den vierten Platz belegt, dabei aber so viel Talent bewiesen, daß man bei BMW von seinen Qualitäten auch auf der Piste überzeugt war. 1938 fuhr Meier seine erste volle Rennsaison, er siegte bei den Großen Preisen von Deutschland, Holland, Belgien und

Karl Gall und Otto Ley auf 500 cm³-BMW-Kompressormaschinen 1936 beim Großen Preis von Schweden

Ernst Henne während eines Rekordversuchs 1935

Henne beim Anlegen seiner strömungsgünstigen Ausrüstung vor der Rekordfahrt, bei der er mit der 750 cm³-Kompressormaschine 1930 die neue Bestmarke auf 221,53 km/h schraubte

Italien und wurde Europameister. Auf der Insel allerdings hatte er Pech: Am Start brach bei einer der Warmlaufkerzen das Gewinde, und so mußte Meier mit nur einer Rennkerze ins Rennen; bereits in der ersten Runde schied er aus. Jock West holte einen beachtenswerten fünften Platz, für das Team aber war die TT eher unglücklich verlaufen, denn Karl Gall war im Training schwer gestürzt.

1939 beschickte BMW die Tourist Trophy wieder mit einem offiziellen Werksteam; Schorsch Meier als Fahrer Nummer eins, Karl Gall, der sich von seinen Sturzverletzungen wieder erholt hatte, und Jock West bildeten die Mannschaft, die die traditionelle Vorherrschaft der Briten brechen wollten. Respektvoll wurde das deutsche Team beobachtet, doch erlitt es gleich zu Beginn des Trainings einen empfindlichen Rückschlag: Karl Gall stürzte tödlich. Unter dem Schock wollte BMW zunächst die Nennung für Meier und West zurückziehen; Sportgeist und die Zuversicht, hier gewinnen zu können, bestimmte die beiden Männer aber doch, an den Start zu gehen.

Unter ungünstigen Wetterverhältnissen absolvierten die BMW das Training; Schorsch Meier ließ es erst „langsam angehen", machte sich mit der unglaublich schwierigen Strecke vertraut, forcierte dann die Geschwindigkeit und schockte seine Konkurrenten mit der schnellen Zeit von 25 Minuten und fünf Sekunden. Nur Daniell und Frith auf den Norton-Maschinen vermochten noch mitzuhalten; sie hofften, im Rennen dank ihrer langjährigen Erfahrung doch einen Vorteil für sich herausholen zu können.

Ideale Bedingungen und gutes Wetter lockten am Renntag wahre Zuschauermassen an die Strecke — und sie erlebten eine Sensation: Die zwei BMW-Kompressormaschinen unter Schorsch Meier und Jock West führten in allen vier Runden der 264-Meilen-Distanz, der Deutsche siegte als erster Ausländer in neuer Rekordzeit von 2 Stunden 57 Minuten und 19 Sekunden mit einer Durchschnittsgeschwindigkeit von 143,8 km/h und machte damit bei der letzten Tourist Trophy vor dem Krieg Renngeschichte. West belegte vor Freddie Frith den zweiten Platz, zwei Minuten hinter Schorsch Meier im Ziel; der Norton-Star Frith lag drei Minuten zurück.

Für die englische Motorradindustrie war der BMW-Sieg bei der TT eine schmerzliche Niederlage, und bei aller Fairness, die den Briten zu eigen ist, verbrämte man sie doch gern als „unabwendbar" — die BMW sei eben *zu* überlegen gewesen. Die offiziellen Leistungsangaben für Kompressormotoren wurden mit 56 PS genannt, doch wurde bald davon gesprochen, die BMW müsse doch wohl an die 100 PS gehabt haben. Bei der offiziellen Nachwiegung nach dem Rennen zeigte die Skala bei Meiers Maschine 137 kg; damit war sie das absolute Leichtgewicht des Feldes. (Das Standardgewicht der R51 lag dagegen bei 182 kg.) Wests Maschine wog etwas mehr als die von Meier, doch ist er noch heute davon überzeugt, daß beide ansonsten identisch waren. Obwohl er Fabrikfahrer war, durfte West an seiner BMW einige Veränderungen vornehmen, für die er von den interessierten Firmen eine Prämie bekam. So verwendete er Lodge- statt Bosch-Kerzen, statt Conti-Reifen solche von Dunlop und sogar — zum Amüsement von Meier, der wie alle Rennfahrer damals immer nur kurz auf dem eigentlichen Sattel saß, ehe er nach hinten auf das „Rennbrötchen" rutschte — einen Sattel von Dunlop. Ziemlich überflüssig war die Debatte darüber, ob Meier auf seiner Siegesfahrt eine kombinierte Vorder- und Hinterrad-Bremse an seiner Maschine hatte oder nicht. Seit er sich nämlich bei der Alpenfahrt 1934 das Handgelenk verletzte, waren alle seine Maschinen mit dem kombinierten Brems-System ausgerüstet, das mit dem Fuß zu betätigen war.

Henne 1936 im „Stromlinienei"

JockWest siegte mit einer Kompressor-BMW beim Ulster Grand Prix in Irland

Am 6. August 1939 stand in Saxtorp der Große Preis von Schweden auf dem Programm. Im Duell mit Serafini auf einer Kompressor-Gilera stürzte Meier, fuhr weiter — und stürzte erneut. Die dabei erlittenen schweren Verletzungen hielten Meier davon ab, die restliche Saison zu

Die Bildunterschrift zu diesem Photo lautete damals schlicht: Jock West passiert während des Trainings zur TT Governor's Bridge. Die Geschichte des Bildes aber war in Wirklichkeit dramatisch. West trainierte zum Zeitpunkt der Aufnahme mit Schorsch Meiers Maschine mit der Startnummer 49, weil seine eigene zur Reparatur an den Boxen stand. Am Gürtel hat West den zertrümmerten Helm von Karl Gall hängen, der kurz zuvor bei einem Sturz einen Schädelbruch erlitten hatte und dessen Unfall West nun der bei Start und Ziel wartenden BMW-Mannschaft melden muß.

Ende zu fahren und nahmen ihm so seine Chance, seinen Europameisterschaftstitel zu verteidigen.

Der Ausbruch des Krieges brachte alle motorsportlichen Aktivitäten zum Erliegen. Meier, längst aus dem Polizeidienst ausgeschieden, hatte einen Einberufungsbefehl als Jagdflieger, war aber wegen der Schwere seiner Sturzverletzung (drei Brustwirbel gebrochen) zunächst nicht „kriegsverwendungsfähig". Später holte man ihn aber doch zum Militär und unterstellte ihm einen großen Kraftfahrzeugpark.

Als sich nach Kriegsende das Leben in den besetzten Zonen wieder einigermaßen zu normalisieren begann, holte Schorsch Meier seine Trumpfkarte aus dem Ärmel: Er hatte seine Rennmaschine in Allach in einem Heuschober versteckt gehabt, die den Krieg dort unversehrt überstand, während die Rennabteilung von BMW, wie fast das gesamte Werk, bei den Fliegerangriffen schwer zerstört in Schutt und Asche lag. Meier erhielt auf sein Drängen hin die Erlaubnis der amerikanischen Militärregierung, ein Rennen rund um die Bavaria zu inszenieren — so begann er dann 1947 seine Siegeslaufbahn von neuem. In diesem Jahr gewann er sieben erste Preise und wurde deutscher Meister, in den folgenden Jahren bis 1953 startete er beinahe jeden Sonntag, wurde noch fünfmal deutscher Meister, holte sich auf einem Veritas-Wagen den Titel eines deutschen Rennwagenmeisters, bildete mit Wiggerl Kraus und Walter Zeller die Keimzelle des wiedererwachenden deutschen Rennsports und hängte erst 1953, nach einer beispielhaften Karriere, den Helm an den Nagel.

Für den internationalen Rennsport verbot die FIM (Federation International Motocycliste) nach dem Krieg die Verwendung von Kompressoren, wandelte ab 1949 die Europa- in eine Weltmeisterschaft um und ließ deutsche Sportler erst 1951 wieder an internationalen Wettbewerben teilnehmen. Nach Schorsch Meiers Rücktritt schickte sich Walter Zeller an, in dessen Fußstapfen zu treten; in der Saison 1953 trat er mit der BMW RS (für „Rennsport") mit 60 PS, Benzineinspritzung und Vollschwingen-Federung an.

Die letzte Soloversion der RS, der Typ 256, kam 1956 heraus, sie hatte den neuen Vollschwingrahmen mit kegelrollengelagerten Schwingen vorn und hinten; Walter Zeller wurde mit dieser Maschine Vizeweltmeister der 500er Klasse hinter John Surtees.

Nicht mehr anknüpfen an die Vorkriegserfolge konnte das BMW-Werksteam, das 1956 an der Senior TT teilnahm. Verschiedene große Rennfahrer versuchten dennoch, mit der BMW Erfolge zu erzielen. So errang der ehemalige Gilera-Star Geoff Duke 1958 in Hockenheim einen schönen Sieg, doch die eindrucksvollere Leistung war die des Privatfahrers Dickie Dale, der seine BMW 1958 hinter den beiden MV Agusta-Werksfahrern John Surtees und John Hartle auf den dritten Platz der Weltmeisterschaft brachte. Damals waren die italienischen MVs die absoluten Beherrscher aller Rennstrecken, die 500er Maschinen hatten 65 PS und fuhren 240 km/h Spitze. Bei den Grand Prix-Rennen konnten die BMWs da nicht mehr mithalten, sie wurden zurückgezogen (wie auch die Maschinen von Gilera und Moto Guzzi), und MV blieb das Feld überlassen, bis die Japaner kamen.

Waren mit der Solo-BMW keine Lorbeeren mehr zu holen, so blieb dafür eine drastische Überlegenheit der weißblauen Marke im Gespannsport. Die Dominanz der BMW RS-Maschinen mit Beiwagen übertraf bei den Weltmeisterschaftsläufen sogar noch die Marke MV Agusta. Schon vor dem Krieg waren BMW-Maschinen

Schorsch Meier 1951 beim Rennen in Schotten und 1979 auf seiner TT-Ehrenrunde während der Tausendjahrfeier der Isle of Man

Walter Zeller 1953 auf einer Rennmaschine mit Benzineinspritzung

mit Beiwagen bei Rennen eingesetzt worden, allerdings meist auf privater Basis. Im Jahr 1936 wurde dann eine Mannschaft aus BMW-Werksfahrern gebildet, bestehend aus Stelzer und Kraus, die 600er Maschinen mit Kompressor einsetzten. Typisch für die einmalige Vielseitigkeit der damaligen Fahrergeneration war, daß eben diese Stelzer und Kraus, zusammen mit Henne, Müller und Mauermeyer, bei der Internationalen Sechstagefahrt zum dritten Mal gesiegt hatten. Nach dem Krieg hatten die Gespanne RS-Motoren mit Vergaser oder Einspritzung. 1952 existierten zwei Werks-Gespann-Paare, nämlich Wiggerl Kraus und Bernhard Huser sowie Wilhelm Noll und Fritz Cron. Letztere waren es, die die lange und ununterbrochene Siegesserie der BMW-Gespanne bei der Weltmeisterschaft begründeten. 1954 entrissen sie Eric Oliver und Stan Dibben endgültig den Titel und verdrängten mit der BMW die bis dahin für unschlagbar gehaltene Norton.

Der RS-Motor mit seinem breiten Leistungsband und dem niederen Schwerpunkt war für den Gespannrennsport einfach ideal. Anstelle der Teleskopgabel erwies sich für die verkleideten Gespanne die Earles-Typ-Gabel als überlegen. Mit dem starken Motor, der 60 PS bei 9 500/min leistete, ließen die BMW-Gespanne der Konkurrenz kaum eine Chance. Am 29. Oktober 1954 stellte Wilhelm Noll mit einem Gespann mit dem 500er RS-Motor in Montlhéry bei Paris mit einer Geschwindigkeit zwischen 171 und 185 km/h einen neuen Rekord über eine Stunde auf. Im Frühjahr des gleichen Jahres hatten Schorsch Meier, sein Bruder Hans und Walter Zeller

Werksfahrer Max Klankermeier und Hermann Wolz in ihrem BMW-Gespann, mit dem sie 1948 und 1949 im deutschen Rennsport dominierten. Prominenter Sozius auf ihrer Ehrenrunde war Filmstar Hans Albers

ebenfalls in Montlhéry mit 166,6 km/h eine neue Bestmarke gesetzt, als sie mit einer Solo-RS Weltrekord über acht und neun Stunden fuhren.

20 Jahre lang fuhren die BMW-Gespanne von einem Erfolg zum andern. Nur einmal zwischen 1955 und 1972 gelang es, auf der Isle of Man BMWs Siegeskette zu durchbrechen, als nämlich Chris Vincent mit seinem BSA-Gespann siegte.

Max Deubel schockte 1962 seine Konkurrenten, als er auf der Isle of Man mit 90 Meilen pro Stunde (145 km/h) die bis dahin schnellste TT-Runde absolvierte; in diesem Rennen belegten BMW-Gespanne sechs der ersten sieben Plätze. Zwischen 1954 und 1974 gewann BMW 19mal hintereinander die Weltmeisterschaft und den Marken-Teampreis. Der einzige ernsthafte Gegner, den BMW in dieser Zeit zu fürchten hatte, war Helmut Fath mit seinem URS-Eigenbau mit Vierzylindermotor und zwei obenliegenden Nockenwellen. Fath war früher ebenfalls BMW gefahren und hatte bei einem schweren Unfall 1960 auf dem Nürburgring seinen Beifahrer Alfred Wohlgemut verloren und dabei selbst schwere Verletzungen erlitten. Bis Fath dann mit seiner URS auf den Plan trat, hatte BMW in 13 Jahren zwölfmal die ersten drei Plätze in der Weltmeisterschaft belegen können.

Dann aber waren auch in dieser Sparte die Tage des Viertakters gezählt, die leichteren und außerdem viel leistungsstärkeren Zweitakter machten sich auch bei den Gespannen immer breiter. BMW zog sich auch aus dem Gespannrennsport zurück, doch tauchte 1976 noch einmal eine Kombination mit einem Rennsport-Motor auf

Wiggerl Kraus und Bernhard Huser, Sieger beim Großen Preis von Deutschland 1951

Max Deubel und Emil Hörner beherrschten anfangs der sechziger Jahre den Gespann-Rennsport

BMW-Basis auf, als nämlich Mike Krauser ein hervorragend gemachtes Fahrzeug gegen die Zweitakt-Konkurrenz ins Feld schickte. Der mit Benzineinspritzung arbeitende Motor mußte jedoch den inzwischen von der FIM eingeführten Geräusch-Bestsimmungen angepaßt werden, wodurch seine Leistung auf 75 PS begrenzt wurde — zu wenig, um den Zweitaktern Paroli bieten zu können.

1955 fuhr BMW neue Rekordversuche: Im März verbesserten Wilhelm Noll, Friedrich Hillebrand und Walter Schneider mit einem RS-Gespann den 24-Stunden-Rekord auf 144,3 km/h. Der vorläufig letzte offizielle Rekord, den das Werk in Angriff nahm, fand dann am 5. Oktober 1955 auf der Autobahn nahe München statt. Zuerst setzte Walter Zeller mit der Solo-RS mit 241,8 km/h eine neue Marke über zehn Meilen, gleich anschließend erreichte Noll in einem vollverkleideten Gespann-Fahrzeug mit RS-Motor mit Alkohol nach fliegendem Start mit 280,2 km/h die absolute Weltbestleistung für Dreiradfahrzeuge.

Drei Franzosen schraubten 1959 den 24-Stunden-Rekord in Montlhéry auf 153,9 km/h: René Vasseur, Robert Maucherat und Alain Dagan. Und im März 1961 wurde dieser Marathon-Rekord gleich zweimal angegriffen, als — wieder in Montlhéry — eine Woche lang die Motoren ohne Unterlaß über die Betonbahn dröhnten.

Zuerst stellte der Franzose Georges Monneret mit einer Velocette-Venom neue Bestleistungen für die 12- bzw. 24-Stunden-Langstrecke auf. Seine Helfer waren noch mit Einpacken beschäftigt, als bereits ein britisches Team die Strecke mit Beschlag belegte; Ellis Boyce, George Catlin, John Holder und Sid Mizen verbesserten mit einer BMW R69S die Rekorde über 12 Stunden auf 175,96 km/h und über 24 Stunden auf 175,8 km/h. Der Motor der Maschine war im Werk präpariert worden; der Rekord verlief ohne jeden Zwischenfall, lediglich ganz zum Schluß kam dicker Nebel auf und verhüllte die Strecke. Insgesamt brauchte die BMW acht Reifen, einen vorn und sieben hinten. Das Motorrad wurde später von *Motor Cycling* getestet, allerdings ohne die Verkleidung, die man für den Rekord angebracht hatte, und dabei erreichten die Zeitschriften-Tester 190 km/h Spitze.

Die vier Briten gehörten zum Team MLG, einem BMW-Händler im Londoner Westen, der seit 1958

Die von MLG beim 500-Meilen-Rennen von Thruxton eingesetzte BMW, die den dritten Platz belegte

BMW-Maschinen bei Rennen einsetzte. So trat zum Beispiel im gleichen Jahr in Thruxton MLG bei einem 500-Meilen-Rennen mit einer R50-Kundenmaschine an, die vollkommen serienmäßig war und trotzdem den dritten Platz hinter den Triumphs belegen konnte. Bei MLG wußte man sehr gut, worauf es bei Produktions-Rennen ankommt, nämlich aufs Tunen. Für das 500-Meilen-Rennen in Thruxton 1959 präparierte MLG eine R69 mit einem tiefen Motorenöl-Reservoir, speziellen Vergasern, einem großen Tank, Kühlhutzen an den Vorderbremsen und einem mechanischen Drehzahlmesser sowie spezielle Gleitschuhe unter den Zylinderköpfen. Bruce Daniels und John Lewis fuhren die Maschine zum Sieg. Später im Jahr beschickte MLG auch das berühmte 24-Stunden-Rennen im Montjuich Park in Barcelona, wo auch ein Werksteam von Ducati antrat, gegen die Engländer aber ohne Chancen blieb. Die ganze Nacht über hatten die Zuschauer ihr Spektakel, wenn die BMW funkensprühend um den kurvigen Kurs donnerte. Zwei Jahre später verbuchte wieder eine BMW den Sieg in Montjuich, diesmal unter Peter Darvill und Norman Price, und im Herbst des gleichen Jahres siegte sie noch beim 1 000-Kilometer-Marathon in Silverstone. Kurz darauf war MLG gezwungen, seine sportlichen Aktivitäten aufzugeben, weil der Betrieb die Kosten nicht mehr verkraften konnte.

Die leistungsstärksten, schnellsten BMW-Produktionsrennmaschinen, die je antraten, waren die stark modifizierten R90S, die Butler & Smith während der siebziger Jahre in den USA einsetzten, als die Firma noch BMW-Generalimporteur für Amerika war. Waren die Standardmaschinen schon gut für 200 km/h, so kamen die speziell präparierten R90S — mit versteiftem Rahmen, geänderter Federung, neuer Kupplung und speziellem Getriebe, Mikuni-Vergasern und mit kürzeren Pleuel

Reg Pridmore mit der R 90 S mit Rob North-Rahmen 1974 in Daytona. Der Motor dieser Spezialanfertigung leistete 90 PS, die Maschine wog 141 kg

und Kolben, mit denen der Motor schmaler baute und wodurch eine bessere Kurventauglichkeit erreicht wurde — leicht auf ein Leistungsplus von 50 Prozent. Durch die gleichen Modifikationen hob man auch bei der R75/7 die Leistung von 50 auf 82 PS an. Fahrer des US-Teams war der Kalifornier Reg Pridmore, der 1974 auf BMW Superbike-Champion wurde — eine gerade in den Staaten ungeheuer wichtige Verkaufshilfe. Beim 200-Meilen-Rennen von Daytona 1974 belegte Pridmore mit der BMW den 37. Platz und brachte damit hinter einer Harley-Davidson die zweite Viertaktmaschine ins Ziel, in einem Rennen, das vollkommen von den 750er Yamahas beherrscht wurde. Das zum Rahmenprogramm gehörende Superbike-Rennen gewann Pridmore übrigens höchst spektakulär.

Ein Fahrer aber, der den Namen BMW in Europa bei den Langstreckenrennen wieder populär machte, war der Bayer Helmut Dähne. Dähne wurde auf BMW unter anderem Juniorenpokal-Sieger, dreimal deutscher Rallye-Meister, errang 1977 beim 8-Stunden-Rennen auf dem Nürburgring und beim Bol d'Or (24-Stunden-Rennen in Le Mans) jeweils den vierten Platz, gewann die 1 000 km von Hockenheim 1975 und 1977, siegte beim Produktions-Rennen bei der TT auf der Isle of Man und wurde bei seinem letzten Rennen auf BMW, einem Sechsstunden-Rennen in Australien, immerhin Fünfter.

Recht erfolgreich im Endurancesport war auch das Gus Kuhn-Team. 1973 verbuchten die Briten in Barcelona mit einer speziell hergerichteten R75/5 den Sieg. Die Entwicklungsabteilung im Werk hatte den Motor in der Leistung um 30 Prozent angehoben und die Maschine mit einem Fünfganggetriebe sowie vorn mit Doppelscheibenbremsen ausgerüstet; als Fahrer fungierten Dave Potter und Graham Sharpe. Ab 1968 beschickte Gus Kuhn alle wichtigen Rennen in England, auf der Isle of Man und auch auf dem Kontinent, bis nach zehn Jahren die Kosten für den Rennsport so astronomisch hoch gestiegen waren, daß das Team trotz einiger Sponsoren nicht mehr weitermachen konnte.Inzwischen hatte sich aber auch gezeigt, daß BMW-Maschinen für die Teilnahme an Endurance-Läufen nicht mehr geeignet waren. Die Japaner hatten sich auch in dieser Sparte breitgemacht und dominierten mit enormen Geldaufwand und immer raffinierterer Technik; aus den Veranstaltungen wie Bol d'Or oder den 24 Stunden von Montjuich wurden ungemein profihaft inszenierte Straßenrennen, die seit 1981 im Rahmen der Endurance-Weltmeisterschaft ihren eigenen Weltmeister ermitteln. Gegen die reinrassigen Endurance-Rennmaschinen vermochte die BMW mit ihrem dafür zu schwachen Getriebe und der unterlegenen Leistung natürlich nichts mehr ausrichten.

Es bleibt abzuwarten, ob BMW mit der neuen Vierzylindermaschine wieder eine Wettbewerbsmaschine entwickeln kann; jedenfalls sollte ein genügend starker, flüssigkeitsgekühlter Vierzylinder mit besserer Bodenfreiheit und verbessertem Getriebe eine reelle Basis dafür sein.

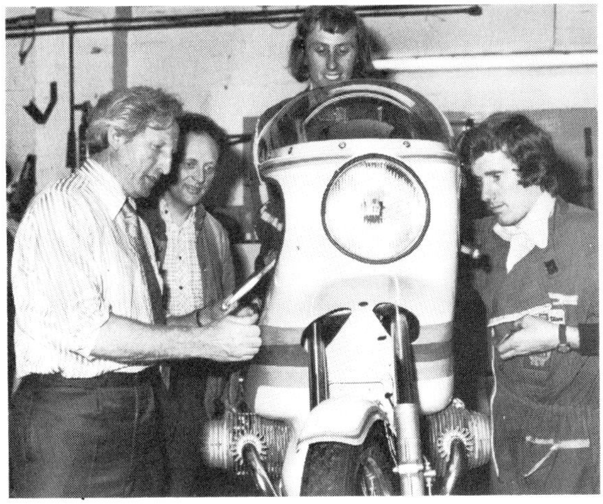

Das Gus Kuhn Racing Team beim Vorbereiten einer R 75/5

Zur Zeit beschränkt sich das werksseitige Engagement im Sport auf Offroad-Wettbewerbe, wie etwa die Rallye Paris-Dakar, wo der Typ 80 G/S 1983 zum zweiten Mal (nach 1981) den Sieg verbuchen konnte. Damit führt BMW eine Tradition fort, die bis auf die frühen Sechstagefahrt-Erfolge oder die Siege bei der Targa Florio zurückgeht.

Auf seinem Weg zum Sieg bei der Marathon-Rallye Paris—Dakar 1981 prescht der „Afrikaner“ Hubert Auriol an einer Gruppe Tuaregs vorbei

Zwar sieht die BMW auf den ersten Blick nicht so aus, als sei sie für den Geländesport gemacht, doch hat sie in langen Jahren bewiesen, daß die Maschinen mit dem weltberühmten weißblauen Emblem jeder Sportart, vom Bergrennen bis zum Eisrennen, gewachsen sind. Das bedeutendste aller Gelände-Wettbewerbe ist die Internationale Sechstagefahrt, die seit 1913 jährlich ausgetragen wird. Sechs Tage lang legen die Teilnehmer in verschieden schwerem Terrain an die 200—300 Kilometer zurück, gespickt mit Sonderprüfungs-(Moto Cross-)Strecken sowie Zeit- und Durchfahrtskontrollen. Nachts werden die Maschinen im Parc Fermé abgestellt. Kein markiertes Teil — außer Reifen — darf gewechselt werden. Ihr geringes Gewicht und die Einfachheit ihres technischen Aufbaus machten die Zweitaktmaschinen prädestiniert für solche Prüfungen; die erfolgreichsten Marken in diesem Teamwettbewerb waren denn auch Zündapp, MZ,

Richard Schaiber mit der GS 80 bei einem Geländewettbewerb

KTM und Bultaco und erst in den letzten Jahren drängten auch hier die Japaner herein. Die außergewöhnliche Zuverlässigkeit der BMW aber verhalf dem deutschen Trophy-und Vasen-Team ungezählte Male zu Mannschaftssiegen, speziell in der großen Zeit des Münchners Sebastian Nachtmann in den Sechzigern, der die schwere BMW so elegant durch schwerstes Gelände bewegte, daß seine Neider erblaßten.

Zu Beginn beherrschten bekanntlich die Engländer die Sixdays vollkommen, doch bereits 1933 drang das deutsche Trophy-Team in ihre Phalanx ein und gewann mit R16-Maschinen mit einem Punkt Vorsprung. Die siegreiche Nation richtete jeweils im folgenden Jahr die ISDT aus, so fand die Fahrt erstmals 1934 in Garmisch-Partenkirchen statt, wo BMW-Maschinen zwei Goldmedaillen errangen.

Eine etwas brenzlige Situation ergab sich übrigens bei der Sechstagefahrt 1939 in Salzburg, wenige Tage vor Ausbruch des Krieges. NSKK-„Korpsführer" Hühnlein hatte zwar allen ausländischen Teilnehmern sichere Rückkehr in ihre Heimatländer garantiert. Trotzdem fühlten sich manche daran erinnert, wie 1914 die ISDT-Teams in Grenoble festsaßen, als der Erste Weltkrieg begann. England nahm in Salzburg mit einer Armeemannschaft teil, die, wie Deutschland und Italien, beste Aussichten auf den Trophygewinn besaß. Am Ende des fünften Fahrtages jedoch hatte sich die politische Situation so zugespitzt, daß das englische Aufgebot aus dem Wettbewerb ausschied und auf schnellstem Weg die sichere Schweizer Grenze zu erreichen suchte. Deutschland gewann wie erwartet die Trophy (mit einem gemischten Team aus BMW- und DKW-Maschinen) und mit einem reinen BMW-Team auch die Silbervase. Besonders aufregend war die Lage für Jock West, der auf Einladung des Werks mit seiner Frau nach Salzburg als Zuschauer gekommen war und dem BMW für die Zeit seines Aufenthalts einen Wagen zur Verfügung gestellt hatte. In der allgemeinen Aufregung der Mobilmachung, verbunden mit Reisebeschränkungen und Kraftstoffrationierung, saß West nun in Salzburg fest. Retter in der Not wurde für ihn BMW-Wettbewerbsleiter Fritz Trötsch, der West und seine Frau auf Schleichwegen nach München brachte und dort ins letzte Flugzeug nach England setzte. Trötsch war übrigens während des Ersten Weltkriegs in englische Kriegsgefangenschaft geraten und auf der Isle of Man inhaftiert gewesen.

Sieben Jahre gab es dann in Europa keinen Motorsport mehr. Nach dem Krieg kamen zwar bald die ersten zaghaften Neuanfänge im Geländesport, aber nicht werksseitig, sondern von Privatfahrern. Herbert Schek aus dem Allgäu zum Beispiel war einer der ersten, der mit einer R50 wieder aktiv wurde — er ist es auch, der die BMW-Maschinen für den Franzosen Hubert Auriol präparierte, mit denen der die Rallye Paris—Dakar gewann; Schek selbst — inzwischen über 50 Jahre alt — fuhr übrigens auch als einziger deutscher Teilnehmer 1983 die 10 000 km-Wüstenrallye mit.

Die Geländeerfolge der BMW wurden hauptsächlich in der Klasse über 500 cm^3 und in der Seitenwagenkategorie erzielt, wo die Vorteile der Zweitakter noch nicht so zum Zuge kamen. 1978 beteiligte sich BMW wieder werksseitig am Geländesport und triumphierte 1979 mit einem Prototyp der heutigen R80G/S bei der Sechstagefahrt: Fritz Witzel gewann die Klasse 500 cm^3 ganz überlegen; 1980 wurde Rolf Witthöft in der Klasse über 750 cm^3 Europameister und gewann bei der Sechstagefahrt in Frankreich auf BMW eine Goldmedaille. 1981 zog BMW sich wiederum aus dem Geländesport zurück, weil Reglementänderungen auf der einen und geringes Publikumsinteresse auf der anderen Seite die enormen Kosten des Einsatzes nicht mehr rechtfertigen. Doch steht fest, daß gerade der Geländesport in der Entwicklung der BMW-Maschinen entscheidende Konstruktionsverbesserungen brachte. Schließlich waren es die im Gelände gesammelten Erfahrungen, die BMW davon überzeugten, daß das Monoshock-Federungssystem — das Mitte der siebziger Jahre für die Serie konzipiert wurde — ausgezeichnet dafür geeignet war, daraus das einzigartige Monolever-Dämpfungssystem zu schaffen, mit dem das Mehrzweck-Motorrad R80G/S ausgerüstet ist.

Technische Daten der G/S 80

Motor: luftgekühlter Zweizylinder-Viertakt-Boxer mit 798 cm^3 Hubraum (70,6 x 84,8 mm); Verdichtung 8,2:1; Leistung 37 kW (50 PS) bei 6500/min; zwei 32-mm-Bing-Vergaser; kontaktlose elektronische Zündung (TSZH).
Kraftübertragung:Fünfganggetriebe mit Klauenschaltung und Fußbetätigung; Einscheiben-Trockenkupplung mit übersetzter Tellerfeder.
Fahrwerk: Doppelschleifen-Stahlrohrrahmen mit abschraubbarem Heckteil; Vorderrad-Aufhängung; Teleskopgabel mit doppelt wirkenden hydraulischen Dämpfern mit 200 mm Federweg, leicht demontierbare Steckachse, kegelrollengelagerter Lenkkopf; Hinterrad-Aufhängung; kegelrollengelagerter Monolever mit dreifach einstellbarem Gasdruck-Federbein mit 170 mm Federweg.
Bremsen:vorn Festsattel-Scheibenbremse mit gelochter Edelstahlscheibe mit 260 mm ∅, hinten Simplex-Vollnaben-Doppelbremse mit 200 mm ∅.
Gewicht:trocken 173 kg, fahrfertig getankt (mit Bord-Werzeug) 192 kg; Tankinhalt 19,5 Liter, davon 2 l Reserve.
Reifen:vorn 3,00-21 48R; hinten 4,00-18 64R (mit Schlauch); Leichtmetallfelgen mit Drahtspeichen.

Automobilhersteller wissen längst um die absatzträchtige Wirkung eines Erfolgs bei Langstrecken-Rallyes; wo könnte besser die Zuverlässigkeit und Ausdauer eines Fahrzeugs unter Beweis gestellt werden? BMW folgt diesem Trend ganz klar, indem alle Sportinteressen momentan auf diese Sparte gerichtet werden. Seit einigen Jahren gibt es auch für Motorräder einen derartigen Marathon-Test, die Rallye Paris—Dakar, die mit ihrer Distanz von ca. 10 000 km eine monumentale Anforderung an Mann und Material darstellt. Der Start erfolgt jeweils am 1. Januar in Paris; die Route führt quer durch die Sahara und endet in der Hauptstadt des westafrikanischen Staates Senegal; der Wettbewerb ist offen für Motorräder, Autos und Lastwagen, die Betreuerzahl aller Teilnehmer ist stark limitiert; die Betreuerfahrzeuge müssen im Wettbewerb mitfahren. Die Rallye findet deshalb im Januar statt, weil dann die Wüste — tagsüber — am kühlsten ist, trotzdem ist die Hitze oft unerträglich; die Nächte dagegen sind unerwartet kalt. Gefürchtet sind auch die Sandstürme sowie die meistens kaum erkennbare Piste.

Wegen ihrer Härte lockt die Rallye Paris-Dakar, die 1983 zum fünften Mal ausgetragen wurde, jedes Jahr neue Abenteurer an, von denen die meisten allerdings kläglich scheitern.

Die Rallye Paris—Dakar 1981 gewann der Franzose Hubert Auriol; seine BMW-Teammitglieder Jean-Claude Fenouil und Bernard Neimer belegten die Plätze vier bzw. sieben. 101 Motorräder und 130 Autos waren am Start, darunter auch Werkteams von Honda und Yamaha. BMW-Frankreich plante die Rallye wie eine militärische Operation; für Betreuer und Ersatzteile-Transport waren drei Puch-Jeeps im Einsatz, genannt die „Wüstenfüchse". Einziger deutscher Teilnehmer war Herbert Schek, ebenfalls auf einer BMW G/S 80, der jedoch durch Sturz ausschied. Die Maschinen der Franzosen waren speziell präparierte G/S-Maschinen mit verstärkten Rahmen und übergroßen Tanks. Obgleich die schweren Boxer-Maschinen gewichtsmäßig der Konkurrenz unterlegen waren, vermochten sie doch unter extremsten Bedingungen ihre Flexibilität auszuspielen, wobei sich natürlich auch der Kardanantrieb als Vorteil erwies.

Hubert Auriol, 1952 in Dschibuti, dem ehemals französischen Somaliland geboren, lag 1981 im Ziel drei Stunden vor der zweitplazierten Maschine, einer XT 500 — seither wird er schlicht „Der Afrikaner" genannt. Jean-Claude Fenouil bezwang 1973 als erster Motorradfahrer die Sahara im Alleingang und stellte 1978 einen Rekord auf, als er in 12 Stunden und 34 Minuten die Sahara von Algier bis Tamanrasset — das sind 1 450 km — durchquerte. Und Bernard Neimer, Polizist in Paris, der Dritte des BMW-Teams, ist ein alter Paris-Dakar-Teilnehmer: Er belegte schon 1979 den zweiten Platz. Nur 25 der gestarteten Maschinen kam 1981 ins Ziel.

Für die Rallye 1983 schickte BMW-Frankreich wieder ein starkes Team in die Wüste: Auriol, den Afrikaner, Jean-Claude Fenouil und Raymond Loizeaux; die Motoren der R100-Maschinen präparierte Herbert Schek, der selbst auch teilnahm, aber wie schon 1981 durch Sturz ausschied. Die Vorzeichen sahen alles andere als günstig aus: Im Juni 1982 erlitt Auriol eine Knieverletzung, bei einem Trainingssturz im November Brüche am Handgelenk und Knöchel. Die Etappen durch Frankreich und die Überfahrt nach Afrika brachte Auriol noch gelassen hinter sich, doch schon in der zweiten Afrika-Etappe warf ihn ein Reifendefekt 50 Minuten zurück. Es gelang Auriol, seinen Rückstand aufzuholen — er preschte mit 165 km/h über Felspisten, mahlte mit 80 durch tiefen Sand, donnerte durch die Berge Algeriens und arbeitete sich durch die Geröllpfade im Sahel, selbst ein Sandsturm in der Teneré-Wüste (bei dem sieben Autoteams und zwei Motorradfahrer drei Tage verschollen waren und der so ungemein heftige Ausmaße hatte, daß er beinahe die ganze Rallye zum Erliegen gebracht hätte, selbst der Hubschrauber des Rennleiters mußte notlanden und blieb dann stecken) konnte ihn nicht aufhalten. Schließlich hatte er auch noch die Kondition, die mörderische 2 000-km-Etappe durch Nigeria, Obervolta und Mali zur Elfenbeinküste durchzustehen. Die BMW trug den „Afrikaner“ klaglos und zuverlässig auch die letzten der 10 000 Kilometer bis Dakar — im Ziel hatte Auriol ganze 25 Minuten Vorsprung. Seine Teamkameraden Fenouil und Loizeaux belegten die Plätze 9 und 14.

Das prägnanteste an der Rallye Paris—Dakar 1983 aber war mit Sicherheit die Tatsache, daß BMW gegen eine ganze Meute mit ungeheuerem Aufwand arbeitende Konkurrenz der sonst so dominierenden Japaner gewinnen und damit einen herausragenden Erfolg für sich verbuchen konnte.

Endurance-Rennen wie die Rallye Paris—Darkar demonstrieren deutlich, daß jedes Motorrad, das eine derartige Belastung durchhält, erst recht für den Alltagsbetrieb geeignet sein muß. Kein Käufer kauft ja nur ein Motorradmodell — er kauft vielmehr auch die sportlichen Erfolge „seiner“ Marke mit. Die Wirklichkeit ist natürlich die, daß es sich bei dem ungeheueren Konkurrenzkampf der Hersteller keiner leisten kann, etwa keine speziell präparierten Wettbewerbsmaschinen einzusetzen, und die haben oft mit dem Serienmodell nur noch wenig Gemeinsamkeiten.

Es gibt aber ein Beispiel, wo der ganze Zweck der Übung der ist, die außergewöhnliche Zuverlässigkeit einer absolut serienmäßigen Maschine zu demonstrieren: die Maudes Trophy, die BMW seit 1973 innehat. Seit sie in den zwanziger Jahren das erste Mal durch die Auto Cycle Union verliehen wurde, wurde die Maudes Trophy insgesamt nur 15mal vergeben. Im Mai 1973 wurden zwei 750er-BMW-Maschinen des /5-Typs direkt vom Band genommen, auf die Isle of Man verschifft und dann eine Woche lang auf dem berühmt-berüchtigten 60,7 Kilometer langen TT-Kurs ununterbrochen gefahren. Das Ziel des Langstrecken-Tests war es, einen Schnitt von 80 km/h zu erreichen, das hieß eine TT-Runde alle 45 Minuten. BMW-England sorgte für den Service, als Fahrer fungierten 15 Leute, darunter Bruce Preston, einer der Gründer des BMW-Clubs von Großbritannien, und Tony Jefferies, BMW-Händler in Sheffield

	Siegermaschine Paris—Dakar 1981 R 80 G/S	**Siegermaschine Paris—Dakar 1983 R 100**	**Serienmaschine R 80 G/S**	**Serienmaschine R 100 RS**
Motor	Viertakt-Boxer	Viertakt-Boxer	Viertakt-Boxer	Viertakt-Boxer
Hubraum	798 cm^3	980 cm^3	798 cm^3	980 cm^3
Bohrung/Hub	84,8 × 70,6 mm	94,0 × 70,6 mm	84,8 × 70,6 mm	94,0 × 70,6 mm
Leistung	55 PS	76 PS	50 PS	70 PS
Verdichtung	9,5 : 1	8,2 : 1	8,2 : 1	9,5 : 1
Vergaser	2/32 mm Bing	2/38 mm Bing V 94	2/32 mm Bing	2/40 mm Bing V 94
Getriebe	Fünfgang mit Einscheiben-Trockenkupplung	Fünfgang-Wettbewerbsausführung	Fünfgang mit Einscheiben-Trockenkupplung	Fünfgang mit Einscheiben Trockenkupplung
Bremsen	vorn Scheibe hinten Trommel	vorn Scheibe 260 mm ∅ hinten Trommel (Serie)	vorn Scheibe 260 mm ∅ hinten Vollnaben-trommel 200 mm ∅	vorn Doppelscheibe 260 mm ∅ hinten Festsattel-Einfachscheibe 260 mm ∅
Vorderreifen	3,25—21	21'' Michelin	3,00—21	3,25 H × 19 (mit Schlauch)
Hinterreifen	5,00—17	17'' Michelin	4,00—18	4,00 H x 18 (mit Schlauch)
Federung von	270 mm Federweg	Maico-Gabel 310 mm Weg	200 mm Federweg	200 mm Federweg
Federung hinten	240 mm Federweg (Monolever)	verlängerte Zweiarm-Hinterradschwinge, Zweiweg-Stoßdämpfer mit 280 mm Federweg	170 mm Federweg	Doppelarmschwinge 125 mm Federweg
Radstand	1555 mm	1580 mm	1465 mm	1465 mm
Gewicht	150 kg gesamt	trocken 175 kg	186 kg gesamt	230 kg gesamt
Kraftstofftank	42 Liter	Material Kevlar, 46 Liter	19,5 Liter	24 Liter

Sebastian Nachtmann war der ungekrönte König der Geländefahrer. Hier durchfährt er eine Morastrinne bei der Eschweger 2-Tage-Fahrt 1964

und aktiver TT-Teilnehmer. Trotz einiger Stürze, die das die ganze Woche über anhaltende schlechte Wetter verursachte — in den Bergen regnete es ohne Unterlaß — gelang es, den Dauertest erfolgreich zu Ende zu bringen. Die eine Maschine legte dabei 13 663 km mit einem Schnitt von 81,26 km/h zurück, die andere schaffte 217-TT-Runden — und das bei einer Durchschnittsgeschwindigkeit von 78 km/h!

Während der ganzen Woche gab es kein schwierigeres technisches Problem, nur die eine Maschine erfuhr einige „geistige" Behandlung durch den italienischen Kundendienstleiter Alberto Criscuolo. Nach einem Rutscher blieb die BMW hinter Glen Helen mit festgegangener Kupplung liegen. Mit Carbontetrachlorid aus einem Feuerlöscher machte der findige Italiener die Scheiben wieder frei, doch rutschte die Kupplung nun ganz schlimm. Kurzentschlossen organisierte Criscuolo in einem nahen Pub eine Flasche Brandy und goß den Inhalt auf die Kupplung, um sie wieder griffig zu machen und konnte dann wenigstens einigermaßen bis zum Servicestützpunkt kommen.

Die Verleihung der Maudes Trophy fiel passenderweise auf das 50jährige Jubiläum des Boxermotors, ein klarer Beweis dafür, daß das Basis-Konzept von Max Friz eines zuverlässigen, starken und langlebigen Motorradmotors noch immer seine Berechtigung hat.

Die Sammlung der Sporterfolge der Marke BMW ist eine stolze Rekordleistung an Zuverlässigkeit und Durchstehvermögen. Ganz offensichtlich hielten sich dabei die Stärke der Maschine und ihrer Fahrer meistens die Waage. Wie wäre es sonst denkbar, daß vor 20 Jahren der Amerikaner John Penton die Fahrt von New York nach Los Angeles mit einer R69 in etwas über 52 Stunden schaffte, die Strecke von 4 909 km in einer Durchschnittsgeschwindigkeit von 96 km/h zurücklegte und dabei mit einer Schlafpause von nur drei Stunden auskam? Inzwischen gibt es sogar einen, der mit der R80G/S in nur 18 Tagen um die halbe Welt fuhr. Während dieses 16 000-km-Trips durchquerte er Europa und den Mittleren Osten und schließlich die 5 600 km lange menschenleere Nullabar-Ebene in Australien; und der einzige Zwischenfall, den der Hyper-Tourer dabei erlebte, war der Zusammenprall mit einem achtlos dahinhüpfenden Känguruh!

BMW-Weltrekorde und -Sporterfolge mit Motorrädern

A) Weltrekorde

Im Laufe ihrer Geschichte errangen BMW-Motorräder 206 Weltrekorde über folgende Distanzen und Zeiten:

1 Meile, stehend und fliegend
5 Meilen, stehend und fliegend
10 Meilen
50 Meilen
100 Meilen
500 Meilen
1000 Meilen
2000 Meilen
1 Kilometer, stehend und fliegend
5 Kilometer, fliegend
10 Kilometer
50 Kilometer
100 Kilometer
500 Kilometer
1000 Kilometer
2000 Kilometer
3000 Kilometer
1 Stunde
2 Stunden
3 Stunden
4 Stunden
5 Stunden
6 Stunden
7 Stunden
8 Stunden
9 Stunden
10 Stunden
11 Stunden
12 Stunden
24 Stunden

1929—1937: 76 Rekorde

Fahrten von Ernst Henne um den absoluten Motorradweltrekord mit den einzelnen Geschwindigkeiten (km/h):

1929	216,8	1934	246,1
1930	221,5	1935	256,1
1931	238,3	1936	272,0
1932	244,4	1937	279,5

Mit Beiwagen fuhr Henne ebenfalls absolute Weltrekorde für Dreiradfahrzeuge:

1931	190,8	1932	207,7

1954: 6 Rekorde

Langstrecken-Weltrekorde durch Walter Zeller, Georg und Hans Meier über acht und neun Stunden mit 166 km/h.

1954: 24 Rekorde

Absolute Weltrekorde für Dreiradfahrzeuge durch Wilhelm Noll bis zu einer Stunde mit 171 bis 185 km/h. Zehn Kilometer-Weltrekorde mit 212,7 km/h.

1955: 57 Rekorde

Langstrecken-Weltrekorde für Dreiradfahrzeuge durch Wilhelm Noll, Friedrich Hillebrand und Walter Schneider. Sie legten in 24 Stunden fast 3 500 km zurück, das sind 144,3 km/h.

1955: 24 Rekorde

Absolute Weltbestleistungen über kurze Strecken durch Wilhelm Noll und Walter Zeller. Mit 280,2 km/h fährt Noll die höchste Dreiradgeschwindigkeit der Welt, Zeller die zehn Kilometer und zehn Meilen (16 km) mit 241,8 km/h.

1956: 6 Rekorde

Absolute Weltbestleistung für Dreiradfahrzeuge über hundert Meilen und eine Stunde durch den französischen Meister Jean-Jacques Murit in Montlhéry mit 176,1 km/h.

1958: 3 Rekorde

Absolute Weltbestleitung für Dreiradfahrzeuge durch den Schweizer Florian Camathias in Monza über hundert Kilometer mit 194,8 km/h.

1959: 3 Rekorde

Erneut fährt der Schweizer Camathias absolute Weltbestleistung für Dreiradfahrzeuge, diesmal über den stehenden Kilometer mit 153,9 km/h.

1959: 3 Rekorde

Das französische Team René Vasseur, Robert Maucherat, Alain Dagan und Claude Larivière stellt den absoluten Weltrekord über 24 Stunden mit 155,3 km/h auf.

1961: 4 Rekorde

Das englische Team Sid Mizen, George Catlin, John Holder, Ellis Boyce fährt absoluten Weltrekord über 12 und 24 Stunden mit 176 km/h.

1977: 5 Rekorde

In Nardo (Italien) stellt der Italiener Alberto Cossuti in der Klasse bis 1 000 cm^3 auf einer BMW R100RS neue Bestmarken über 10 km (2 min. 50,09 sec., 211,652 km/h) und 100 km (27 min. 11,09 sec., 220,711 km/h) auf. Das Team Alberto Cossuti, Angelo Clerpieuzio, Dietmar Beinhauer, Helmut Dähne, Mario Milan und Elvio Zanini fährt neue Weltrekorde über 6 Stunden (1 150,052 km in 191,675 km/h); 12 Stunden (2 290,449 km in 190,870 km/h) und 24 Stunden (4 067,203 km in 169,466 km/h).

1980: 3 Rekorde

In Nardo werden neue Rekorde über eine Stunde (225,98 km/h), 1 000 km (4 Stunden 28 Minuten 47 Sekunden in 222,39 km/h) und 6 Stunden (214,65 km/h) aufgestellt.

B) Sporterfolge

MEISTERTITEL

Europameisterschaft

1958 Georg Meier, 500 ccm

Gelände-Europameisterschaft

1980 Rolf Witthöft, 750 ccm
1980 Herbert Schek, 1 000 ccm

Beiwagen-Weltmeisterschaft

1954 Wilhelm Noll/Fritz Cron
1955 Willi Faust/Karl Remmert
1956 Wilhelm Noll/Fritz Cron
1957 Friedrich Hillebrand/Manfred Grunwald
1958 Walter Schneider/Hans Strauß
1959 Walter Schneider/Hans Strauß
1960 Helmut Fath/Alfred Wohlgemut
1961 Max Deubel/Emil Hörner
1962 Max Deubel/Emil Hörner
1963 Max Deubel/Emil Hörner
1964 Max Deubel/Emil Hörner
1965 Fritz Scheidegger/John Robinson
1966 Fritz Scheidegger/John Robinson
1967 Klaus Enders/Ralf Engelhardt
1969 Klaus Enders/Ralf Engelhardt
1970 Klaus Enders/Ralf Engelhardt
1972 Klaus Enders/Ralf Engelhardt
1973 Klaus Enders/Ralf Engelhardt
1974 Klaus Enders/Ralf Engelhardt

Marken-Weltmeisterschaft Beiwagen

1955 bis 1965 Bayerische Motoren Werke AG

Deutsche Straßenmeister

250 ccm:
1925 Josef Stelzer

500 ccm:
1924 Franz Bieber
1925 Rudolf Reich
1926 Ernst Henne
1927 Hans Soenius
1928 Hans Soenius
1929 Hans Soenius
1937 Karl Gall
1938 Georg Meier
1939 Ludwig Kraus
1947 Georg Meier
1948 Georg Meier
1949 Georg Meier
1950 Georg Meier
1951 Walter Zeller
1953 Georg Meier
1954 Walter Zeller
1955 Walter Zeller
1956 Ernst Riedelbauch
1957 Ernst Hiller
1958 Ernst Hiller
1959 Ernst Hiller
1961 Hansgünther Jaeger
1962 Ernst Hiller
1971 Hans Otto Butenuth

750 ccm:
1927 Ernst Henne

1 000 ccm:
1928 Toni Bauhofer
1929 Josef Stelzer
1930 Fritz Wiese
1931 Ralph Roese
1932 Ralph Roese

Deutsche Straßenmeister

Beiwagen 600 bzw. 500 ccm:
1949 Max Klankermeier/Hermann Wolz
1951 Ludwig Kraus/Bernhard Huser
1952 Georg Eberlein/Ernst Sauer
1953 Ludwig Kraus/Bernhard Huser
1954 Wilhelm Noll/Fritz Cron
1955 Willi Faust/Karl Remmert
1956 Wilhelm Noll/Fritz Cron
1957 Friedrich Hillebrand/Manfred Grunwald
1958 Walter Schneider/Hans Strauß
1959 August Rohsiepe/Arthur Gardyanczik

1960 Helmut Fath/Alfred Wohlgemut
1961 Max Deubel/Emil Hörner
1962 Max Deubel/Emil Hörner
1963 Max Deubel/Emil Hörner
1964 Max Deubel/Emil Hörner
1965 Max Deubel/Emil Hörner
1966 Georg Auerbacher/Eduard Dein
1967 Siegfried Schauzu/Horst Schneider
1969 Siegfried Schauzu/Horst Schneider
1970 Heinz Lutringshauser/Aga Neumann
1971 Siegfried Schauzu/Horst Schneider
1972 Wolfgang Ohrmann/Walter Grube
1973 Schilling/Scherer

Beiwagen 1 000 bzw. 750 ccm:
1947 Josef Müller/Josef Wenshofer
1948 Josef Müller/Karl Fuchs und Karl Rührschneck
1949 Josef Müller/Karl Rührschneck
1950 Ludwig Kraus/Bernhard Huser
1951 Josef Müller/Hermann Huber
1952 Friedrich Hillebrand/Georg Barth

Deutscher Bergmeister
1934 Kurt Mansfeld, 1 000 ccm

Deutsche Sandbahnmeister
Beiwagen
1950 Willi Haselbeck/Franz Scherzberger, 600 und 1 200 ccm
1951 Willi Haselbeck/Franz Scherzberger, 1 200 ccm
1952 Willi Haselbeck/Franz Scherzberger, 600 ccm
1954 Willi Haselbeck/Franz Scherzberger, 750 ccm

Deutsche Geländemeister
1955 Hans Meier, 500 ccm
1958 Konrad Wellnhofer, 500 ccm
1960 Sebastian Nachtmann, 500 ccm
1961 Sebastian Nachtmann, 500 ccm
Karl Ibscher/Josef Hintermaier, Beiwagen über 350 ccm
1962 Karl Ibscher/Josef Hintermaier, Beiwagen über 350 ccm
1963 Sebastian Nachtmann, über 350 ccm
Karl Ibscher/Edgar Rettschlag, Beiwagen über 350 ccm
1964 Sebastian Nachtmann, über 350 ccm
Karl Ibscher/Edgar Rettschlag, Beiwagen über 350 ccm
1965 Sebastian Nachtmann, über 500 ccm
Günther Steenbock/Dieter Kistner, Beiwagen über 350 ccm
1966 Kurt Tweesmann, über 500 ccm
Hartmann/Hartmann, über 350 ccm
1968 Hartmann/Hartmann, Beiwagen
1969 Noss/Noss, Beiwagen
1970 Herbert Schek, über 500 ccm
Hartmann/Hartmann, Beiwagen
1971 Herbert Scheck, über 500 ccm
Noss/Noss, Beiwagen
1972 Werner Efinger, über500 ccm
Noss/Noss, Beiwagen
1973 Hartmann/Hartmann, Beiwagen
1974 Hartmann/Mai, Beiwagen
1975 Noss/Noss,
Hanß/Jayme, Beiwagen
1980 Werner Schütz, 750 ccm
Hartmann/Theilhacker, Gespanne
1981 Steenbock/Peppinghaus

GROSSE PREISE

1925 Großer Preis von Deutschland: Paul Köppen, 500 ccm
1926 Großer Preis von Deutschland: Josef Stelzer, 500 ccm
1927 Großer Preis von Deutschland: Josef Stelzer, 750 ccm
1927 Großer Preis von Österreich: Emmerich Nagy, 500 ccm
1927 Großer Preis von Luxemburg: Josef Stelzer, 1 000 ccm
1928 Österreichische Tourist Trophy: Karl Gall, 500 ccm
1928 Großer Preis von Österreich: Karl Gall, 1 000 ccm
1929 Großer Preis von Österreich: Otto Steinfellner, 1 000 ccm
1929 Großer Preis von Polen: Adolf Brudes, über 500 ccm
1930 Großer Preis von Deutschland: Fritz Wiese, 1 000 ccm
1930 Großer Preis von Ungarn: Karl Stegmann, 500 ccm
1931 Großer Preis von Ungarn: Michael Culyba, 600 ccm
1933 Großer Preis von Deutschland: Josef Stelzer, 500 ccm
Eduard Kratz, 1 000 ccm
Theo Schoth, Beiwagen 1 000 ccm
1935 Großer Preis der Schweiz: Ernst Stärkle, Beiwagen 1 000 ccm
1936 Großer Preis von Schweden: Otto Ley, 500 ccm
1937 Großer Preis von Deutschland: Karl Gall, 500 ccm
1937 Holländische Tourist Trophy: Karl Gall, 500 ccm

1937 Großer Preis von Ulster:
Jock M. West, 500 ccm
1937 Großer Preis von Ungarn:
Karl Gall, 500 ccm
1937 Großer Preis von Schweden:
Otto Ley, 500 ccm
1938 Großer Preis von Deutschland:
Georg Meier, 500 ccm
1938 Holländische Tourist Trophy:
Georg Meier, 500 ccm
1938 Großer Preis von Belgien:
Georg Meier, 500 ccm
1938 Großer Preis von Ulster:
Jock M. West, 500 ccm
1938 Großer Preis von Italien:
Georg Meier, 500 ccm
1939 Englische Tourist Trophy:
Georg, Meier, 500 ccm
1939 Holländische Tourist Trophy:
Georg Meier, 500 ccm
1939 Großer Preis von Belgien:
Georg Meier, 500 ccm
1950 Großer Preis von Österreich:
Julius Beer/Zingerle, Beiwagen 600 ccm
Max Weißmeier/Michael Kupfer, Beiwagen 1 000 ccm
1951 Großer Preis von Deutschland:
Ludwig Kraus/Bernhard Huser, Beiwagen 500 ccm
1953 Großer Preis von Deutschland:
Walter Zeller, 500 ccm
1954 Großer Preis von Deutschland:
Wilhelm Noll/Fritz Cron, Beiwagen
1954 Großer Preis von Italien:
Wilhelm Noll/Fritz Cron, Beiwagen
1955 Großer Preis von Deutschland:
Willi Faust/Karl Remmert, Beiwagen
1955 Großer Preis von Spanien:
Willi Faust/Karl Remmert, Beiwagen
1955 Englische Tourist Trophy:
Walter Schneider/Hans Strauß, Beiwagen
1955 Holländische Tourist Trophy:
Willi Faust/Karl Remmert, Beiwagen
1955 Großer Preis von Belgien:
Wilhelm Noll/Fritz Cron, Beiwagen
1955 Großer Preis von Italien:
Wilhelm Noll/Fritz Cron, Beiwagen
1956 Großer Preis von Deutschland:
Wilhelm Noll/Fritz Cron, Beiwagen
1956 Englische Tourist Trophy:
Friedrich Hillebrand/Manfred Grunwald, Beiwagen
1956 Holländische Tourist Trophy:
Friedrich Hillebrand/Manfred Grunwald, Beiwagen
1956 Großer Preis von Belgien:
Wilhelm Noll/Fritz Cron, Beiwagen
1956 Großer Preis von Ulster:
Wilhelm Noll/Fritz Cron, Beiwagen
1956 Großer Preis der Tschechoslowakei:
Gerold Klinger, 500 ccm
1957 Großer Preis von Deutschland:
Friedrich Hillebrand/Manfred Grunwald, Beiwagen
1957 Großer Preis von Spanien:
Otto Schmid/Otto Kölle, Beiwagen
1957 Englische Tourist Trophy:
Friedrich Hillebrand/Manfred Grunwald, Beiwagen
1957 Holländische Tourist Trophy:
Friedrich Hillebrand/Manfred Grunwald, Beiwagen
1957 Großer Preis von Belgien:
Walter Schneider/Hans Strauß, Beiwagen
1957 Großer Preis der Tschechoslowakei:
Gerold Klinger, 500 ccm
1958 Großer Preis von Deutschland:
Walter Schneider/Hans Strauß, Beiwagen
1958 Großer Preis von Frankreich:
Helmut Fath/Fritz Rudolf, Beiwagen
1958 Englische Tourist Trophy:
Walter Schneider/Hans Strauß, Beiwagen
1958 Holländische Tourist Trophy:
Florian Camathias/Hilmar Cecco, Beiwagen
1958 Großer Preis von Belgien:
Walter Schneider/Hans Strauß, Beiwagen
1958 Großer Preis der Tschechoslowakei:
Richard H. Dale, 500 ccm
1958 Großer Preis von Österreich:
Ernst Hiller, 500 ccm
Walter Schneider/Hans Strauß, Beiwagen
1959 Großer Preis von Deutschland:
Florian Camathias/Hilmar Cecco, Beiwagen
1959 Großer Preis von Spanien:
Fritz Scheidegger/Horst Burkhardt, Beiwagen
1959 Englische Tourist Trophy:
Walter Schneider/Hans Strauß, Beiwagen
1959 Holländische Tourist Trophy:
Florian Camathias/Hilmar Cecco, Beiwagen
1959 Großer Preis von Belgien:
Walter Schneider/Hans Strauß, Beiwagen

1959 Großer Preis von Deutschland:
Florian Camathias/Hilmar Cecco, Beiwagen
1959 Großer Preis der Tschechoslowakei:
Florian Camathias/Hilmar Cecco, Beiwagen
1959 Großer Preis von Österreich:
Fritz Scheidegger/Horst Burkhardt, Beiwagen
1960 Großer Preis von Deutschland:
Helmut Fath/Alfred Wohlgemut, Beiwagen
1960 Großer Preis von Spanien:
Florian Camathias/Roland Föll, Beiwagen
1960 Großer Preis von Frankreich:
Helmut Fath/Alfred Wohlgemut, Beiwagen
1960 Englische Tourist Trophy:
Helmut Fath/Alfred Wohlgemut, Beiwagen
1960 Holländische Tourist Trophy:
Philip V. Harris/Ronald Campbell, Beiwagen
1960 Großer Preis von Belgien:
Helmut Fath/Alfred Wohlgemut, Beiwagen
1960 Großer Preis von Österreich:
Helmut Fath/Alfred Wohlgemut, Beiwagen
1960 Großer Preis der Tschechoslowakei:
Florian Camathias/Roland Föll, Beiwagen
1961 Großer Preis von Deutschland:
Max Deubel/Emil Hörner, Beiwagen
1961 Großer Preis von Spanien:
Helmut Fath/Alfred Wohlgemut, Beiwagen
1961 Großer Preis von Frankreich:
Fritz Scheidegger/Horst Burkhardt, Beiwagen
1961 Englische Tourist Trophy:
Max Deubel/Emil Hörner, Beiwagen
1961 Holländische Tourist Trophy:
Max Deubel/Emil Hörner, Beiwagen
1961 Großer Preis von Belgien:
Fritz Scheidegger/Horst Burkhardt, Beiwagen
1961 Großer Preis von Österreich:
Florian Camathias/Hilmar Cecco, Beiwagen
1962 Großer Preis von Deutschland:
Max Deubel/Emil Hörner, Beiwagen
1962 Großer Preis von Spanien:
Max Deubel/Emil Hörner, Beiwagen
1962 Großer Preis von Frankreich:
Max Deubel/Emil Hörner, Beiwagen
1962 Holländische Tourist Trophy:
Fritz Scheidegger/John Robinson, Beiwagen
1962 Großer Preis von Belgien:
Florian Camathias/Henry G. Winter, Beiwagen
1962 Großer Preis von Österreich:
Florian Camathias/Horst Burkhardt, Beiwagen
1963 Großer Preis von Deutschland:
Florian Camathias/Alfred Herzig, Beiwagen
1963 Großer Preis von Spanien:
Max Deubel/Emil Hörner, Beiwagen
1963 Englische Tourist Trophy:
Florian Camathias/Alfred Herzig, Beiwagen
1963 Holländische Tourist Trophy:
Max Deubel/Emil Hörner, Beiwagen
1963 Großer Preis von Belgien:
Fritz Scheidegger/John Robinson, Beiwagen
1963 Großer Preis von Österreich:
Fritz Scheidegger/John Robinson, Beiwagen
1964 Großer Preis von Deutschland:
Fritz Scheidegger/John Robinson, Beiwagen
1964 Großer Preis von Frankreich:
Fritz Scheidegger/John Robinson, Beiwagen
1964 Englische Tourist Trophy:
Max Deubel/Emil Hörner, Beiwagen
1964 Großer Preis von Belgien:
Max Deubel/Emil Hörner, Beiwagen
1964 Großer Preis von Österreich:
Max Deubel/Emil Hörner, Beiwagen
1965 Großer Preis von Deutschland:
Fritz Scheidegger/John Robinson,
1965 Großer Preis von Spanien:
Max Deubel/Emil Hörner, Beiwagen
1965 Großer Preis von Frankreich:
Florian Camathias/Ducret, Beiwagen
1965 Englische Tourist Trophy:
Max Deubel/Emil Hörner, Beiwagen
1965 Holländische Tourist Trophy:
Fritz Scheidegger/John Robinson, Beiwagen
1965 Großer Preis von Italien:
Fritz Scheidegger/John Robinson, Beiwagen
1965 Großer Preis von Österreich:
Max Deubel/Emil Hörner, Beiwagen
1965 Großer Preis von Belgien:
Fritz Scheidegger/John Robinson
1966 Großer Preis von Deutschland:
Fritz Scheidegger/John Robinson

1966 Großer Preis von Frankreich:
Fritz Scheidegger/John Robinson
1966 Holländische Tourist Trophy:
Fritz Scheidegger/John Robinson
1966 Großer Preis von Belgien:
Fritz Scheidegger/John Robinson
1966 Englische Tourist Trophy:
Max Deubel/Emil Hörner
1967 Großer Preis von Spanien:
Georg Auerbacher/Eduard Dein, Gespanne
1967 Großer Preis von Österreich:
Georg Auerbacher/Eduard Dein, Gespanne
1967 Großer Preis von Deutschland:
Klaus Enders/Ralf Engelhardt, Gespanne
1967 Großer Preis von Frankreich:
Klaus Enders/Ralf Engelhardt, Gespanne
1967 Englische Tourist Trophy:
Siegfried Schauzu/Horst Schneider
1967 Holländische Tourist Trophy:
Klaus Enders/Ralf Engelhardt
1967 Großer Preis von Belgien:
Klaus Enders/Ralf Engelhardt
1967 Großer Preis von Finnland:
Klaus Enders/Ralf Engelhardt
1967 Großer Preis von Italien:
Georg Auerbacher/Billie Nelson
1968 Großer Preis von Österreich:
Klaus Enders/Ralf Engelhardt
1968 Englische Tourist Trophy:
Siegfried Schauzu/Klaus Schneider
1968 Holländische Tourist Trophy:
Johann Attenberger/Schilling
1968 Großer Preis von Belgien:
Georg Auerbacher/Herrmann
1969 Großer Preis von Deutschland:
Klaus Enders/Ralf Engelhardt
1969 Englische Tourist Trophy:
Klaus Enders/Ralf Engelhardt
1969 Großer Preis von Finnland:
Klaus Enders/Ralf Engelhardt
1969 Großer Preis von Ulster:
Klaus Enders/Ralf Engelhardt
1970 Großer Preis von Deutschland:
Georg Auerbacher/Herbert Hahn
1970 Großer Preis von Österreich:
Georg Auerbacher/Herbert Hahn
1970 Großer Preis von Frankreich:
Klaus Enders/Walter Kalauch
1970 Englische Tourist Trophy:
Klaus Enders/Walter Kalauch, 500 ccm
Siegfried Schauzu/Schneider 750 ccm
1970 Holländische Tourist Trophy:
Georg Auerbacher/Herbert Hahn
1970 Großer Preis von Belgien:
Arsenius Butscher/Huber
1970 Großer Preis der CSSR:
Klaus Enders/Ralf Engelhardt
1970 Großer Preis von Finnland:
Klaus Enders/Ralf Engelhardt
1970 Großer Preis von Ulster:
Klaus Enders/Ralf Engelhardt
1971 Großer Preis von Österreich:
Arsenius Butscher/Huber
1971 Großer Preis von Deutschland:
Georg Auerbacher/Herbert Hahn
1971 Englische Tourist Trophy:
Siegfried Schauzu/Walter Kalauch
1971 Großer Preis von Belgien:
Siegfried Schauzu/Walter Kalauch
1971 Großer Preis der CSSR:
Siegfried Schauzu/Walter Kalauch
1972 Großer Preis von Deutschland:
Siegfried Schauzu/Walter Kalauch
1972 Großer Preis von Frankreich:
Heinz Luthringshauser/Cusnick
1972 Großer Preis von Österreich:
Klaus Enders/Ralf Engelhardt
1972 Englische Tourist Trophy:
Siegfried Schauzu/Walter Kalauch
1972 Holländische Tourist Trophy:
Klaus Enders/Ralf Engelhardt
1972 Großer Preis von Belgien:
Klaus Enders/Ralf Engelhardt
1972 Großer Preis der CSSR:
Klaus Enders/Ralf Engelhardt
1973 Großer Preis von Frankreich:
Klaus Enders/Ralf Engelhardt
1973 Großer Preis von Deutschland:
Klaus Enders/Ralf Engelhardt
1973 Großer Preis von Österreich:
Klaus Enders/Ralf Engelhardt
1973 Englische Tourist Trophy:
Klaus Enders/Ralf Engelhardt, 500 ccm
Klaus Enders/Ralf Engelhardt, 750 ccm
1973 Großer Preis von Belgien:
Klaus Enders/Ralf Engelhardt
1973 Holländische Tourist Trophy:
Klaus Enders/Ralf Engelhardt
1973 Großer Preis der CSSR:
Klaus Enders/Ralf Engelhardt
1974 Großer Preis von Frankreich:
Siegfried Schauzu/Walter Kalauch
1974 Großer Preis von Österreich:
Siegfried Schauzu/Walter Kalauch
1974 Englische Tourist Trophy:
Heinz Luthringshauser/Hahn, 500 ccm
Siegfried Schauzu/Wolfgang Kalauch, 750 ccm
1974 Holländische Tourist Trophy:
Klaus Enders/Ralf Engelhardt

RUNDSTRECKENRENNEN (AUSLAND)

1927 Targa Florio/I:
Paul Köppen, 500 ccm
1927 Tschechische Tourist Trophy:
Toni Bauhofer, 500 ccm
1928 Targa Florio/I:
Ernst Henne, 500 ccm
1928 Mährische Tourist Trophy:
Karl Gall, 500 ccm
1929 Targa Florio/I:
Paul Köppen, 500 ccm
1933 Motorradrennen von Bologna/I:
De Ponte, Beiwagen 1 200 ccm
1935 Rundstreckenrennen von Schaffhausen/CH:
Franz Wünstel, Beiwagen 1 000 ccm
1935 Rundstreckenrennen von Lustenau/A:
Theo Frener, Beiwagen
1936 Rundstreckenrennen von Lustenau/A:
Theo Frener, Beiwagen über 600 ccm
1937 Australische Tourist Trophy:
L. F. Pratt, Beiwagen
1938 Großer Preis von Bukarest/R:
Ludwig Kraus, 500 ccm
1939 Großer Preis von Belgrad/YU:
A. Jurcic, 500 ccm
1939 Großer Preis von Bukarest/R:
Ludwig Kraus, 500 ccm
1946 Großer Preis von Barcelona/E:
F. Arderin, Beiwagen
1952 Salzburger Autobahnrennen/A:
Ernst Ebersberger/Hans Strauß
Beiwagen 750 ccm
1954 Circuit de Comminges/F:
Friedrich Hillebrand/Manfred Grunwald,
Beiwagen
1954 Großer Preis von Saragossa/E:
Friedrich Hillebrand/Manfred Grunwald,
Beiwagen
1955 Großer Preis von Pau/F:
Willi Faust/Karl Remmert, Beiwagen
1955 Salzburger Autobahnrennen/A:
Walter Zeller, 500 ccm
1955 Großer Bäderpreis Baden b. Wien:
Gerold Klinger, 500 ccm
1955 Großer Preis des Saarlandes St. Wendel:
Wilhelm Noll/Fritz Cron, Beiwagen
1955 Großer Preis von Saragossa/E:
Peter Knees, 500 ccm
Friedrich Hillebrand/Manfred Grunwald,
Beiwagen
1955 Goldpokal von Scarborough/GB:
Willi Faust/Karl Remmert, Beiwagen
1955 Großer Grenzpreis Chimay/B:
Julien Deronne/Marcel Masuy, Beiwagen
1955 Circuit de Mettet/B:
Julien Deronne/Marcel Masuy, Beiwagen
1955 Großer Preis von Bordeaux/F:
Friedrich Hillebrand/Manfred Grunwald,
Beiwagen
1956 Großer Preis des Saarlandes St. Wendel:
Friedrich Hillebrand/Manfred Grunwald,
Beiwagen 500 ccm
1956 Rundstreckenrennen Tubbergen-Twenthe/NL:
Ernst Riedelbauch, 500 ccm
1956 Großer Preis von Zandvoort/NL:
Ernst Riedelbauch, 500 ccm
1956 Salzburger Autobahnrennen/A:
Walter Zeller, 500 ccm
Friedrich Hillebrand/Manfred Grunwald,
Beiwagen 500 ccm
1956 Circuit de Floreffe/B:
Walter Schneider/Hans Strauß, Beiwagen
1956 Aintree-Rennen b. Liverpool/GB:
Jacques Drion/Inge Stoll, Beiwagen
1956 Englische Meisterschaften in Thruxton:
Jacques Drion/Inge Stoll, Beiwagen
1957 Großer Preis der Adria/YU:
Friedrich Hillebrand/Manfred Grunwald,
Beiwagen
1957 Circuit de Mettet/B:
Friedrich Hillebrand/Manfred Grunwald,
Beiwagen
1957 Großer Grenzpreis Chimay/B:
Ernst Hiller, 500 ccm
Friedrich Hillebrand/Manfred Grunwald,
Beiwagen
1957 Salzburger Autobahnrennen/A:
Friedrich Hillebrand/Manfred Grunwald,
Beiwagen
1957 Oliver's Mount-Rennen in Scarborough/GB:
Loni Neussner/Dieter Hess, Beiwagen
1957 Rundstreckenrennen von Navarra/E:
Friedrich Hillebrand/Manfred Grunwald,
Beiwagen
1957 Großer Preis von Zandvoort/NL:
Ernst Hiller, 500 ccm,
Florian Camathias/Hilmar Cecco,
Beiwagen
1957 Großer Preis von Bilbao/E:
Helmut Fath/Achim Geier, Beiwagen
1957 Großer Preis von Saragossa/E:
Alwin Ritter/Hans Ehrlich, Beiwagen
1957 Großer Preis von Australien:
Jack Forrest, 500 ccm
1958 Silvestone Saturday/GB:
Florian Camathias/Hilmar Cecco,
Beiwagen
1958 Rundstreckenrennen in Thruxton/GB:
Florian Camathias/Hilmar Cecco,
Beiwagen
1958 Aintree-Rennen b. Liverpool/GB:
Florian Camathias/Hilmar Cecco,
Beiwagen

1958 Rundstreckenrennen in Laxenburg/A:
Gerold Klinger, 500 ccm
Florian Camathias/Hilmar Cecco, Beiwagen
1958 Circuit de Mettet/B:
Alwin Ritter, Beiwagen
1958 Großer Grenzpreis Chimay/B:
Ernst Hiller, 500 ccm
1958 Großer Preis von Zandvoort/NL:
Ernst Hiller, 500 ccm
Edgar Strub/Mick Woollett, Beiwagen
1958 Großer Preis von Bilbao/E:
Helmut Fath/Fritz Rudolf, Beiwagen
1959 Großer Preis von Bilbao/E:
Helmut Fath/Fritz Rudolf, Beiwagen
1959 Preis von Madrid/E:
Edgar Strub/F. Grabes, Beiwagen
1960 Großer Preis von Bilbao/E:
Helmut Fath/Fritz Rudolf, Beiwagen
1961 Großer Preis von Bilbao/E:
Max Deubel/Emil Hörner, Beiwagen
1962 Circuit de Mettet/B:
Arsenius Butscher/Heiner Fester, Beiwagen
1963 Preis von Madrid/E:
Florian Camathias/Alfred Herzig, Beiwagen

DEUTSCHE RUNDSTRECKENRENNEN

1924 Rund um Belzig:
Paul Köppen, 500 ccm
1924 Ruppiner Dreiecksrennen:
Paul Köppen, 500 ccm
1924 Bäderrennen Swinemünde:
Rudolf Reich, 500 ccm
1925 Buckower Dreiecksrennen b. Berlin:
Theo Schoth, 500 ccm und Beiwagen 600 ccm
1925 Dreiecksrennen Mannheim-Käfertal:
Hans Diefenbach, 500 ccm
1925 Bäderrennen Swinemünde:
Paul Köppen, 750 ccm
1926 Karlsruher Wildparkrennen:
Ernst Henne, 500 und 1 000 ccm
1926 Marienberger Dreiecksrennen/Sa.:
Anton Bauhofer, 500 ccm
W. Creutz, 750 ccm
Max Wetzel, 1 000 ccm
1926 Bäderrennen Kolberg:
Anton Bauhofer, 500 ccm
1927 Bäderrennen Kolberg:
Karl Gall, 500 ccm
Ernst Henne, 750 ccm
Paul Köppen, 1 000 ccm
1927 Karlsruher Wildparkrennen:
O. Diefenbach, 500 ccm
1927 Hohensyburg-Rundstreckenrennen:
Hucke, über 500 ccm
Möller, Beiwagen 600 ccm
1927 Buckower Dreiecksrennen b. Berlin:
Ernst Henne, 750 ccm
Ernst Günther Burggaller, über 750 ccm
Theo Schoth, Beiwagen 600 ccm
Hans Soenius, 500 ccm
1927 Frankfurter Dreistädterennen:
Hans Soenius, 500 ccm
Harter, 750 ccm
Munck, Beiwagen 600 ccm
1928 Marienberger Dreiecksrennen/Sa.:
Anton Bauhofer, über 500 ccm
1928 Buckower Dreiecksrennen b. Berlin:
Hans Soenius, 500 ccm
Anton Bauhofer, 750 ccm
Theo Schoth, Beiwagen 600 ccm
1928 Dreiecksrennen Königsbrück b. Dresden:
Hans Soenius, 500 ccm
Theo Schoth, über 500 ccm
1929 Marienberger Dreiecksrennen:
Anton Bauhofer, über 500 ccm
1929 Bäderrennen Kolberg:
Karl Gall, 500 ccm
Ernst Henne, 750 ccm
Paul Köppen, 1 000 ccm
1929 Karlsruher Wildparkrennen:
Ernst Henne, 1 000 ccm
1929 Buckower Dreiecksrennen b. Berlin:
Ernst Henne, 500 ccm
1929 Bäderrennen Kolberg:
Anton Bauhofer, 1 000 ccm
1930 Dreiecksrennen Königsbrück b. Dresden:
Fritz Wiese, 750 ccm
1930 Hohensyburg-Rundstreckenrennen:
Ralph Roese, 1 000 ccm
1931 Ostpreußenring:
Fritz Bouvain, über 500 ccm
1931 Hohensyburg-Rundstreckenrennen:
Ralph Roese, 1 000 ccm
1931 Sachsenringrennen Grillenburger Wald:
Ralph Roese, 1 000 ccm
1932 Groß-Wartenberger Dreiecksrennen:
Karl Prelle, über 350 ccm
1932 Ostpreußenring:
Fritz Bouvain, 1 000 ccm
1932 Sachsenringrennen Grillenburger Wald:
Hans Soenius, 1 000 ccm
1933 Großer Preis von Danzig:
Fritz Bouvain, 1 000 ccm
1934 Groß-Wartenberger Dreiecksrennen:
Kurt Mansfeld, über 350 ccm
1934 Hohensyburg-Rundstreckenrennen:
Fritz Kammer, über 500 ccm

1935 Groß-Wartenberger Dreiecksrennen:
Rudolf Fuchs-Henel, über 500 ccm

1936 Münchner Dreiecksrennen:
Ludwig Kraus, 500 ccm
Josef Stelzer/Josef Müller,
Beiwagen 600 ccm

1938 Hamburger Stadtparkrennen:
Karl Gall, 500 ccm

1939 Hamburger Stadtparkrennen:
Karl Gall, 500 ccm

1946 Quer durch Neuwied:
Eugen Haselbeck/Karl Bauer,
Beiwagen 600 ccm

1946 Autobahnrennen Braunschweig:
Willy Niemann, 500 ccm

1947 Autobahnrennen Braunschweig:
Georg Meier, 500 ccm
Thomas Seppenhauser/Heinz Straßberger,
Beiwagen 1 000 cm

1947 Bavariaring München:
Georg Meier, 500 ccm
Josef Müller/Josef Wenshofer,
Beiwagen 1 000 ccm

1947 Hamburger Stadtparkrennen:
Georg Meier, 500 ccm
Josef Müller/Josef Wenshofer,
Beiwagen 1 200 ccm

1948 Kölner Kurs:
Georg Meier, 500 ccm
Josef Müller/Karl Fuchs,
Beiwagen 1 200 ccm

1948 Rundstreckenrennen
Garmisch-Partenkirchen:
Ludwig Kraus, 500 ccm
Thomas Seppenhauser/Franz Höller,
Beiwagen 600 und 1 200 ccm

1948 Karlsruher Autobahn-Dreiecksrennen:
Georg Meier, 500 ccm
Thomas Seppenhauser/Franz Höller,
Beiwagen 600 ccm

1948 Rundstreckenrennen Reutlingen:
Georg Meier, 500 ccm
Max Klankermeier/Hermann Wolz,
Beiwagen 1 200 ccm

1948 Aachener Waldrennen:
Georg Meier, 500 ccm

1948 Prinzenparkrennen Braunschweig:
Georg Meier, 500 ccm
Thomas Seppenhauser/Franz Höller,
Beiwagen 1 200 ccm

1948 Quer durch Neuwied:
Thomas Seppenhauser/Franz Höller,
Beiwagen 1 200 ccm

1948 Stadtringrennen Ulm:
Thomas Seppenhauser/Franz Höller,
Beiwagen 1200 ccm

1948 Hamburger Stadtparkrennen:
Georg Meier, 500 ccm
Josef Müller/Karl Fuchs,
Beiwagen 1 200 ccm

1948 Grenzlandring-Rennen:
Georg Meier, 500 ccm
Josef Müller/Karl Fuchs,
Beiwagen 1 200 ccm

1948 Dreiecksrennen Dieburg:
Georg Meier, 500 ccm
Josef Müller/Karl Rührschneck,
Beiwagen 1 200 ccm

1948 Dreiecksrennen Hof:
Ludwig Kraus, 500 ccm

1948 Bavariaring München:
Georg Meier, 500 ccm
Thomas Seppenhauser/Josef Wenshofer,
Beiwagen 600 ccm
Max Klankermeier/Hermann Wolz,
Beiwagen 1 200 ccm

1948 Rundstreckenrennen in Rosenheim:
Georg Meier, 500 ccm
Josef Müller/Karl Rührschneck,
Beiwagen 1 200 ccm

1949 Quer durch Neuwied:
Thomas Seppenhauser/Josef Wenshofer,
Beiwagen 1 200 ccm

1949 Rundstreckenrennen München-Riem:
Ludwig Kraus, 500 ccm
Max Klankermeier/Hermann Wolz,
Beiwagen 600 ccm
Josef Müller/Karl Rührschneck,
Beiwagen 1 200 ccm

1949 Rundstreckenrennen Berlin:
Kurt Ulrich, 500 ccm
Eugen Haselbeck/Sylvester,
Beiwagen 1 200 ccm

1949 Kieler Hafenkurs:
E. Meyer/E. Kock, Beiwagen 1 200 ccm

1949 Stadtringrennen Tübingen:
Georg Meier, 500 ccm
Hans Schumann/Franz Höller,
Beiwagen 1 200 ccm

1949 Dreiecksrennen Dieburg:
Georg Meier, 500 ccm
Thomas Seppenhauser/Josef Wenshofer,
Beiwagen 1 200 ccm

1949 Aachener Waldrennen:
Georg Meier, 500 ccm

1949 Dreiecksrennen Hof:
Georg Meier, 500 ccm
Thomas Seppenhauser/Josef Wenshofer,
Beiwagen 1 200 ccm

1949 Karlsruher Autobahn-Dreiecksrennen:
Georg Meier, 500 ccm
Max Klankermeier/Hermann Wolz,
Beiwagen 600 und 1 200 ccm

1949 Hamburger Stadtparkrennen:
Georg Meier, 500 ccm
Max Klankermeier/Hermann Wolz,
Beiwagen 600 und 1 200 ccm
1949 Grenzlandring-Rennen:
Georg Meier, 500 ccm
1949 Kölner Kurs:
Ludwig Kraus, 500 ccm
Max Klankermeier/Hermann Wolz,
Beiwagen 1 200 ccm
1950 Hamburger Stadtparkrennen:
Georg Meier, 500 ccm
Ludwig Kraus/Bernhard Huser,
Beiwagen 1 200 ccm
1950 Feldbergrennen Taunus:
Ernst Hoske, 500 ccm
Wilhelm Noll/Fritz Cron,
Beiwagen 600 ccm
Josef Müller/Fred Minderlein,
Beiwagen 1 200 ccm
1950 Frankfurter Dreiecksrennen:
Johann Schäfer/Franz Höller,
Beiwagen 1 200 ccm
1950 Stadtringrennen Tübingen:
Thomas Seppenhauser/Josef Wenshof
Beiwagen 1 200 ccm
1950 Prinzenparkrennen Braunschweig:
Ernst Hoske, 500 ccm
Ernst Ebersberger/Hans Strauß,
Beiwagen 600 und 1 200 ccm
1950 Dreiecksrennen Dieburg:
Thomas Seppenhauser/Josef Wenshof
Beiwagen 1 200 ccm
Ernst Hoske, 500 ccm
1950 Karlsruher Autobahn-Dreiecksrennen:
Josef Müller/Günter Müller,
Beiwagen 1 200 ccm
1950 Prinzenparkrennen Braunschweig:
Ernst Ebersberger/Hans Hötzer,
Beiwagen 600 ccm
Ernst Ebersberger/Hans Strauß,
Beiwagen 1 200 ccm
1950 Quer durch Neuwied:
Franz Mohr/Kurt Fritz,
Beiwagen 1 200 ccm
1950 Dreiecksrennen Hof:
Ernst Ebersberger/Hans Strauß,
Beiwagen 1 200 ccm
1951 Dreiecksrennen Waiblingen:
Ernst Ebersberger/Hans Strauß,
Beiwagen 1 200 ccm
1951 Rundstreckenrennen München-Riem:
Hans Meier, 500 ccm
Ludwig Kraus/Bernhard Huser,
Beiwagen 500 ccm
Ernst Ebersberger/Hans Strauß,
Beiwagen 750 ccm
1951 Dreiecksrennen Hof:
Franz Mohr/Günter Müller,
Beiwagen 750 ccm
1951 Dreiecksrennen Dieburg:
A. Hisgen/Fr. Lasthaus,
Beiwagen 500 ccm
Walter Schneider/Werner Nüssen,
Beiwagen 750 ccm
1951 Feldbergrennen Taunus:
Walter Zeller, 500 ccm
Ludwig Kraus/Bernhard Huser,
Beiwagen 500 ccm
Franz Mohr/Günter Müller,
Beiwagen 750 ccm
1951 Grenzlandring-Rennen:
Walter Zeller, 500 ccm
Ludwig Kraus/Bernhard Huser,
Beiwagen 500 ccm
1952 Dreiecksrennen Dieburg:
Franz Mohr/Günter Müller,
Beiwagen 750 ccm
1952 Feldbergrennen Taunus:
Wilhelm Noll/Fritz Cron,
Beiwagen 500 ccm
Ernst Ebersberger/Hans Strauß,
Beiwagen 750 ccm
1952 Rundstreckenrennen München-Riem:
Walter Zeller, 500 ccm
Ludwig Kraus/Bernhard Huser,
Beiwagen 500 ccm
Ernst Ebersberger/Hans Strauß,
Beiwagen 750 ccm
1952 Hamburger Stadtparkrennen:
Georg Meier, 500 ccm
1952 Grenzlandringrennen b. Rheydt:
Walter Zeller, 500 ccm
Ludwig Kraus/Bernhard Huser,
Beiwagen 500 ccm
Friedrich Staschel/Theo Schick,
Beiwagen 750 ccm
1953 Feldbergrennen Taunus:
Georg Meier, 500 ccm
Wilhelm Noll/Fritz Cron, Beiwagen
1954 Dreiecksrennen Dieburg:
Walter Zeller, 500 ccm
1954 Feldbergrennen Taunus:
Wilhelm Noll/Fritz Cron, Beiwagen
1955 Dreiecksrennen Dieburg:
Ernst Riedelbauch, 500 ccm
Wilhelm Noll/Fritz Cron, Beiwagen
1959 ADAC Eifel-Pokal:
Hermann Luthringhauser/Emil Hörner,
Beiwagen

SCHLEIZER DREIECKSRENNEN

1924 Franz Bieber, 500 ccm
1925 Rudolf Reich,500 ccm
1927 Max Wetzel,500 ccm
1928 Toni Bauhofer, 1 000 ccm
1929 Hans Soenius, 500 ccm
1930 Eduard Kratz, 1 000 ccm
1949 Ernst Ebersberger/Hans Strauß, Beiwagen 600 ccm
1950 Georg Meier, 500 ccm
Ludwig Kraus/Bernhard Huser, Beiwagen 1 200 ccm
1951 Heinz Krause/Fritz Trinkhaus, Beiwagen 500 ccm
Max Weißmeier/Michael Kupfer, Beiwagen 750 ccm
1952 Georg Eberlein/Ernst Sauer, Beiwagen 500 ccm
Ernst Ebersberger/Hans Strauß, Beiwagen 750 ccm
1953 Friedrich Hillebrand/Georg Barth, Beiwagen 750 ccm
1954 Ernst Riedelbauch, 500 ccm
1955 Ernst Riedelbauch, 500 ccm
Helmut Fath/Emil Ohr, Beiwagen
1956 Otto Schmid/Otto Kölle, Beiwagen
1957 Ernst Hiller, 500 ccm
1958 Gerold Klinger, 500 ccm
Alwin Ritter/M. Plauth, Beiwagen
1959 Fritz Scheidegger/Horst Burkhardt, Beiwagen

EIFELRENNEN

1924 Franz Bieber, 500 ccm
1925 Toni Bauhofer, 500 ccm
1926 Ernst Henne, 500 ccm
1927 Toni Bauhofer, 500 ccm
1928 Hans Soenius, 500 ccm
1929 Hans Soenius, 500 ccm
J. Marx, 1 000 ccm
1930 Werner Huth, 1 000 ccm
1937 Karl Gall, 500 ccm
1939 Ludwig Kraus, 500 ccm
1947 Georg Meier, 500 ccm
Josef Müller/Josef Wenshofer, Beiwagen 1 000 ccm
1949 Georg Meier, 500 ccm
Max Klankermeier/Hermann Wolz, Beiwagen 600 ccm
1950 Georg Meier, 500 ccm
Johann Schäfer/Franz Höller, Beiwagen 1 200 ccm
1951 Georg Meier, 500 ccm
Ludwig Kraus/Bernhard Huser, Beiwagen 500 ccm
Friedrich Hillebrandt/Kurt Prätorius, Beiwagen 750 ccm
1952 Friedrich Hillebrand/Georg Barth, Beiwagen 750 ccm
1953 Georg Meier, 500 ccm
Wilhelm Noll/Fritz Cron, Beiwagen
1955 Walter Zeller, 500 ccm
1956 Herbert Ochsenreiter, 500 ccm
1957 Ernst Hiller, 500 ccm
Friedrich Hillebrand/Manfred Grunwald, Beiwagen
1958 Fritz Meyer, 500 ccm
Max Deubel/Rolf Amfaldern, Beiwagen
1959 Florian Camathias/Hilmar Cecco, Beiwagen
1960 Florian Camathias/Roland Föll, Beiwagen
1961 Florian Camathias/Hilmar Cecco, Beiwagen
1962 Max Deubel/Emil Hörner, Beiwagen
1963 Max Deubel/Emil Hörner, Beiwagen
1964 Florian Camathias/Roland Föll, Beiwagen
1966 Fritz Scheidegger/John Robinson
1967 Siegfried Schauzu/Horst Schneider, Beiwagen
1971 Georg Auerbacher/Herbert Hahn, Gespanne

AVUS-RENNEN, BERLIN

1925 Paul Köppen, 750 ccm
1926 Ernst-Günther Burggaller, 750 ccm
1927 Paul Köppen, 1 000 ccm
1928 Erich Eydam, Beiwagen 600 ccm
1930 Werner Huth, 1 000 ccm
1931 Theo Schoth, Beiwagen 1 000 ccm
1932 Fritz Wiese, 1 000 ccm
Theo Schoth, Beiwagen 1 000 ccm
1937 Otto Ley, 500 ccm
1938 Karl Gall, 500 ccm
1951 Georg Meier, 500 ccm
Ludwig Kraus/Bernhard Huser, Beiwagen
1953 Walter Zeller, 500 ccm
Ludwig Kraus/Bernhard Huser, Beiwagen
1956 Wilhelm Noll/Fritz Cron, Beiwagen
1962 Lothar Arends, 500 ccm
Fred und Josef Huber, Beiwagen
1963 Lothar Böttcher/Rolf Wiessmann,
Siegfried Schauzu/Horst Schneider, Beiwagen
1964 Hans-Otto Butenuth, 500 ccm
Max Deubel/Emil Hörner, Beiwagen
1965 Manfred König, 500 ccm
Alfred Stuttfeld/Werner Obluda, Beiwagen

SOLITÜDE-RENNEN

1925 Josef Stelzer, 250 ccm
Rudolf Reich, 500 ccm
1926 Josef Stelzer, 250 ccm
Karl Raebel, 750 ccm
Paul Köppen, 1 000 ccm
1927 Hans Soenius, 500 ccm
Toni Bauhofer, 1 000 ccm
Ernst Henne, 750 ccm
Karl Gall, 1 000 ccm
1928 Friedrich Messerschmidt, 500 ccm
1929 Hans Soenius, 500 ccm
Josef Stelzer, 1 000 ccm
Alois Sitzberger/Ludwig Kraus, Beiwagen 1 000 ccm
1930 Ernst Zündorf, 1 000 ccm
1936 Otto Ley, 500 ccm
1949 Georg Meier, 500 ccm
Max Klankermeier/Hermann Wolz, Beiwagen 1 200 ccm
1950 Ludwig Kraus/Bernhard Huser, Beiwagen 1 200 ccm
1953 Georg Meier, 500 ccm
1955 Walter Zeller, 500 ccm
Willi Faust/Karl Remmert, Beiwagen 500 ccm
1960 Helmut Fath/Alfred Wohlgemut, Beiwagen
1961 Max Deubel/Emil Hörner, Beiwagen
1965 Max Deubel/Emil Hörner, Beiwagen

EILENRIEDE-RENNEN

1925 Josef Stelzer, 250 ccm
Adolf Bartling, 500 ccm
1926 Toni Bauhofer, 500 und über 500 ccm
1927 Paul Köppen, 500 ccm
Toni Bauhofer, 750 ccm
1928 Hans Soenius, 500 ccm
Toni Bauhofer, über 500 ccm
1929 Josef Stelzer, über 500 ccm
Theo Schoth, Beiwagen über 600 ccm
1930 Karl Stegmann, über 500 ccm
1937 Karl Gall, 500 ccm
1938 Georg Meier, 500 ccm
1939 Ludwig Kraus, 500 ccm
1950 Thomas Seppenhauser/Josef Wenshofer, Beiwagen 1 200 ccm
1951 Walter Zeller, 500 ccm
Ludwig Kraus/Bernhard Huser, Beiwagen 500 ccm
Josef Müller/Karl Fuchs, Beiwagen 750 ccm
1952 Wilhelm Noll/Fritz Cron, Beiwagen 500 ccm
Friedrich Staschel/J. Beer, Beiwagen 750 ccm
1953 Georg Meier, 500 ccm
Ludwig Kraus/Bernhard Huser, Beiwagen 500 ccm
1954 Willi Faust/Karl Remmert, Beiwagen
1955 Gerold Klinger, 500 ccm
Willi Faust/Karl Remmert, Beiwagen

RUND UM SCHOTTEN-RENNEN

1926 F. Edelmuth, 250 ccm
1932 Eduard Kratz, 1 000 ccm
1947 Georg Meier, 500 ccm
1948 Georg Meier, 500 ccm
Max Klankermeier/Hermann Wolz, Beiwagen 1 200 ccm
1949 Georg Meier, 500 ccm
Max Klankermeier/Hermann Wolz, Beiwagen 600 ccm
Josef Müller/Karl Rührschneck, Beiwagen 1 200 ccm
1950 Georg Meier, 500 ccm
Max Klankermeier/Hermann Wolz, Beiwagen 600 ccm
Ludwig Kraus/Bernhard Huser, Beiwagen 1 200 ccm
1951 Georg Meier, 500 ccm
Ludwig Kraus/Bernhard Huser, Beiwagen 500 ccm
1952 Georg Meier, 500 ccm
Ludwig Kraus/Bernhard Huser, Beiwagen 500 ccm
Friedrich Hillebrand/Georg Barth, Beiwagen 750 ccm
1954 Walter Zeller, 500 ccm
Willi Faust/Karl Remmert, Beiwagen
1955 Walter Zeller, 500 ccm
Willi Faust/Karl Remmert, Beiwagen

HOCKENHEIM-RENNEN

1934 Kurt Mansfeld, 1 000 ccm
1936 Otto Ley, 500 ccm
Josef Stelzer/Sepp Müller, Beiwagen 600 ccm
1937 Otto Ley, 500 ccm
1938 Georg Meier, 500 ccm
1947 Josef Müller/Hermann Eder, Beiwagen 1 000 ccm

1948 Georg Meier, 500 ccm
Josef Müller/Hermann Eder, Beiwagen 1 000 ccm
1949 Georg Meier, 500 ccm
Max Klankermeier/Hermann Wolz, Beiwagen 600 ccm
Johann Roth/Otto Ruf, Beiwagen 1 000 ccm
1950 Ludwig Kraus, 500 ccm
Josef Müller/Karl Rührschneck, Beiwagen 1 000 ccm
1951 Walter Zeller, 500 ccm
Ludwig Kraus/Bernhard Huser, Beiwagen 500 ccm
1955 Wilhelm Noll/Fritz Cron, Beiwagen
1956 Wilhelm Noll/Fritz Cron, Beiwagen
1958 Geoffrey E. Duke, 500 ccm
Florian Camathias/Hilmar Cecco, Beiwagen
1960 Helmut Fath/Alfred Wohlgemuth, Beiwagen
1961 Alfred Stöcker, 500 ccm
Hermann Hahn/Philipp Kriechbaum, Beiwagen

BERGREKORD FREIBURG

1925 Eugen Bussinger, 500 ccm
1926 Josef Stelzer, 250 ccm
Ernst Henne, 500 ccm
1949 Georg Meier, 500 ccm
Max Klankermeier/Hermann Wolz, Beiwagen 600 und 1 200 ccm
1950 Georg Meier, 500 ccm
Max Klankermeier/Hermann Wolz, Beiwagen 600 ccm
Ludwig Kraus/Bernhard Huser, Beiwagen 1 200 ccm
1951 Walter Zeller, 500 ccm
Ludwig Kraus/Bernhard Huser, Beiwagen 500 ccm
1959 Ernst Hiller, 500 ccm
Florian Camathias/Hilmar Cecco, Beiwagen
1960 Helmuth Fath/Alfred Wohlgemut, Beiwagen
1961 Fritz Scheidegger/Horst Burkhardt, Beiwagen
1962 Max Deubel/Emil Hörner, Beiwagen
1963 Max Deubel/Emil Hörner, Beiwagen
1964 Max Deubel/Emil Hörner, Beiwagen
1965 Max Deubel/Emil Hörner, Beiwagen
1966 Fritz Scheidegger/John Robinson, Beiwagen

NORISRING-RENNEN

1938 Georg Meier, 500 ccm
1939 Hans Lodermeier, 500 ccm
1947 Georg Meier, 500 ccm
Eugen und Willi Haselbeck, Beiwagen 1 200 ccm
1948 Georg Meier, 500 ccm
Josef Müller/Karl Rührschneck, Beiwagen 1 200 ccm
1949 Georg Meier, 500 ccm
Josef Müller/Karl Rührschneck, Beiwagen 1 200 ccm
1950 Max Klankermeier/Hermann Wolz, Beiwagen 600 ccm
Ludwig Kraus/Bernhard Huser, Beiwagen 1 200 ccm
1951 Walter Zeller, 500 ccm
Ludwig Kraus/Bernhard Huser, Beiwagen 500 ccm
Franz Mohr/Günter Müller, Beiwagen 1 200 ccm
1952 Franz Mohr/Günter Müller, Beiwagen 1 200 ccm
1954 Wilhelm Noll/Fritz Cron, Beiwagen
1955 Walter Zeller, 500 ccm
Willi Faust/Karl Remmert, Beiwagen
1956 Walter Zeller, 500 ccm
Friedrich Hillebrand/Manfred Grunwald, Beiwagen
1957 Walter Zeller, 500 ccm
Friedrich Hillebrand/Manfred Grunwald, Beiwagen
1961 Alfred Stöcker, 500 ccm
1962 Lothar Arends, 500 ccm
Hermann Hahn/Philipp Kriechbaum, Beiwagen
1963 Lothar Böttcher/Friedhelm Wiemann, Beiwagen
1964 Fritz Arnold/Friedhelm Öhmig, Beiwagen
1965 Otto Kölle/Heinz Marquardt, Beiwagen
1966 Fritz Scheidegger/John Robinson, Beiwagen

DEUTSCHE BERGRENNEN

1924 Solitude-Bergrennen:
Franz Bieber, 500 ccm
1924 Gabelbach-Bergrennen:
Max Wetzel, 500 ccm
1924 Ruselberg-Rennen:
Franz Bieber, 500 ccm
1924 Bergprüfung Naumburg:
Karl Räbel, über 500 ccm

1925 Ruselberg-Rennen:
Alois Sitzberger, 500 ccm
1925 Herkules-Bergrennen bei Kassel:
Paul Köppen, 500 ccm
1926 Taubensuhl-Bergrennen:
Hans Diefenbach, 500 ccm
1926 Hainberg-Rennen bei Göttingen:
A. Lichtenheld, 500 ccm
1927 Hohnstein-Bergrennen bei Dresden:
Walter Dittrich, 500 ccm
1927 Solitude-Bergrennen:
Toni Bauhofer, 750 ccm
1928 Riesengebirgs-Rennen:
Gerhard Scholz, 500 ccm
1928 Gabelbach-Bergrennen:
Paul Greifzu und Fritz Niemeck,
beide 500 ccm
1928 Ruselberg-Rennen:
Josef Stelzer, 1 000 ccm
Alois Sitzberger/Ludwig Kraus,
Beiwagen über 600 ccm
1928 Hainberg-Rennen bei Göttingen:
Fritz Wiese, 1 000 ccm
1934 Riesengebirgs-Rennen:
Kurt Mansfeld, 1 000 ccm
1934 Lückendorf-Bergrennen:
Kurt Mansfeld, 1 000 ccm
1934 Feldbergrennen Taunus:
Kurt Mansfeld, 1 000 ccm
1938 Großer Bergpreis am Großglockner:
Josef Hofmann, 500 ccm
1946 Ruhestein-Bergrennen/Schwarzwald:
Thomas Seppenhauser, Beiwagen 1 000 ccm
1948 Eggberg-Rennen bei Säckingen:
Georg Meier, 500 ccm

BERGRENNEN/AUSLAND

1926 Königsaal — Jilowitsch bei Prag/CSR:
Anton Bauhofer, 500 ccm
1926 Schöberbergrennen/CSR:
Matcha, 250 ccm
Anton Bauhofer, 500 ccm
1927 Königsaal — Jilowitsch bei Prag/CSR:
Anton Bauhofer, über 500 ccm
1927 Tauern-Rennen bei Salzburg/A:
Karl Gall, 500 ccm
1927 Großer Bergpreis von Österreich:
Josef Stelzer, 1 000 ccm
1928 Ecce-Homo-Rennen bei Sternberg/CSR:
Karl Gall, 500 ccm
1929 Königsaal — Jilowitsch bei Prag/CSR:
Karl Stegmann, 500 und 750 ccm
Alois Sitzberger/Ludwig Kraus,
Beiwagen
1929 Klausenpaß-Rennen/CH:
Karl Stegmann, 750 ccm
1929 Matra-Bergrennen/H:
Zoltan v. Meggyessy, 500 ccm
1932 Merluzza-Bergrennen bei Rom/I:
Alfredo Panella, 750 ccm
1933 Bergrennen Trieste — Opicina/I:
Gianni Tonini, Beiwagen
1933 Bergrennen Bolzano — Mendola/I:
E. Koch, Beiwagen über 600 ccm
1933 Bergrennen Acqui — Cascinette di Ovrano/I:
F. Cervetti, 750 ccm; — Dino Dina, Beiwagen
1935 Bürsenbergrennen Vorarlberg/A:
Theo Frener, Beiwagen
1935 Bergrennen Torino — Pino/I:
Gino Mazza, Beiwagen
1935 Dobogokö-Bergrennen/H:
Bela Komlossy, Beiwagen über 600 ccm
1937 Bergrennen Rheineck — Walzenhausen/CH:
Theo Frener, Beiwagen
1937 Gaisbergrennen bei Salzburg/A:
Kastner, Beiwagen
1937 Sinaia-Bergrennen/R:
Paul Vasilesco, 500 ccm
1937 Pötschen-Bergrennen/A:
Wolfgang Denzel, 500 ccm
Leopold Schrimpf, Beiwagen über 600 ccm
1937 Loibl-Paß-Bergrennen/YU:
Wolfgang Denzel, 500 ccm
1937 Dobogokö-Bergrennen/H:
Endre Kozma, 500 ccm
Julius Patho, Beiwagen
1938 Pötschenpaß-Bergrennen/A:
Wolfgang Denzel, 500 ccm
1939 Loibl-Paß-Bergrennen/YU:
A. Jurcic, 1 000 ccm

Die Bayerischen Motoren-Werke

München, Landeshauptstadt des Freistaats Bayern, Schauplatz der Olympischen Spiele 1972, heimliche Metropole Deutschlands, „Weltstadt mit Herz", hat als Kultur- und Wirtschaftszentrum weit über die Grenzen Süddeutschlands hinaus große Bedeutung. Seit 66 Jahren sind die Bayerischen Motoren-Werke in München beheimatet, und stets waren die Geschicke von BMW mit denen der Stadt eng verknüpft. So ist es keine Übertreibung zu behaupten, daß BMW so gut zu München gehört wie Weißwürste, Schweinshaxen und das Hofbräuhaus.

Fährt man auf dem Petuelring beim Olympiapark am eindrucksvollen BMW-Verwaltungsgebäude vorbei, wird einem sofort bewußt, daß BMW nicht nur irgendeine große Firma ist. Gewaltig reckt sich der „Vierzylinder" in den weißblauen Himmel, als augenfälliges Symbol für die überragende Qualität, die sich in der ganzen Welt mit den BMW-Produkten verbindet. An klaren Tagen sorgen die 1 000 blaugetönten Fenster und die silbrige Metallkonstruktion des Hochhauses für ein einzigartiges Lichterspiel: Über der Stadt leuchtet es weißblau.

Nicht, daß ein solcher Effekt in München besonders nötig wäre — schließlich springen einem die Landesfarben überall und ständig in die Augen. Eine Vielzahl von Gebäuden, Büros, Ausstellungskomplexen und Hallen ziert ebenfalls das BMW-Markenzeichen; tatsächlich stellt das BMW-Gelände in München mit seinen 18 000 Beschäftigten fast schon einen eigenen Stadtteil dar. Dazu gehören außer den weiträumigen Produktionsanlagen auch eine Klinik, ein Verpflegungsunternehmen, eine Schulungsabteilung, ein Rechenzentrum, Post-, Bus- und Taxidienst, das Archiv, die Ausstellungsräume und natürlich das Museum.

Die Anfänge von BMW waren nicht so bombastisch. In der Schleißheimer Straße 288 stand damals die Rapp-Motoren-Fabrik, ziemlich weit außerhalb der Innenstadt, in der Nähe des Flughafens Oberwiesenfeld. Auch konnte man die Fabrik kaum als solche bezeichnen, denn die Gebäude bestanden aus dem Wohnhaus Rapps und einigen Verschlägen, die als Lager fungierten, sowie dem Holzschuppen, in dem die Werkstatt untergebracht war. Firmeninhaber Karl Rapp und Max Friz stellten hier in den Bayerischen Flugzeugwerken, wie die Firma später hieß, Flugmotoren her, speziell solche für Höhenflüge. Am 13. August 1918 erhielt das Werk seinen heutigen Namen, Bayerische Motoren-Werke AG; mit 3 500 Arbeitern und einem Stammkapital von 12 Millionen Reichsmark produzierte man — inzwischen in die Lerchenauer Straße umgezogen — ausschließlich Flugmotoren.

Die Niederlage Deutschlands und das darauf basierende Diktat von Versailles brachten jedoch jede Produktion von Flugzeugen bzw. -motoren zum Erliegen. Die Firma wurde gezwungen, Maschinen und gelagerte Teile zu verschrotten; um wenigstens noch die vorhandenen Holzvorräte zu verwerten, stellte BMW daraus Büromöbel her. Später fertigte man aus Teilen, die der Vernichtung auf irgendeine Weise entgangen waren, Lastwagenmotoren, Antriebsmotoren für stationäre Aggregate und auch Bootsmotore her, die alle unter dem Namen „Bayernmotor" vertrieben wurden.

Nach der Neustrukturierung des Werkes wurde dann mit der Herstellung von Motorrädern begonnen; zuerst baute man die kleine „Flink" und die „Helios", die sich als Mißerfolg entpuppte, dann entwickelte Max Friz die R32 mit dem 500er Boxermotor, von der in den ersten vier Jahren über 4 000 Stück abgesetzt wurden. Großen Anteil am durchschlagenden Erfolg der R32 hatte das Aufsehen, das sie bei ihrer Vorstellung auf dem Pariser Salon 1923 verursachte.

Mitte der zwanziger Jahre war BMW bereits gut etabliert; in der Motorradabteilung wurden mehrere Modelle hergestellt, und auch der Bau von Flugmotoren florierte wieder. Das Zweirad erlebte seinen ersten Boom, und in Deutschland existierten — außer vielen kleinen — auch mehrere große Hersteller, wie DKW, NSU, Victoria und Zündapp. Der Anteil von BMW am gesamten deutschen Motorradausstoß betrug etwa drei Prozent, die aber hielten sich im exclusiven oberen Teil des Markts und beinhalteten Exporte in Länder wie Dänemark und Schweden. Zündapp in Nürnberg, wo man ungefähr zur selben Zeit wie BMW mit der Herstellung von Zweirädern begonnen hatte, baute 1933 bereits die 100 000. Maschine; bei BMW erreichte man diese Zahl erst fünf Jahre später.

Ein Effekt der „Goldenen Zwanziger" war, daß das Motorrad für die neureiche Haute Volée nicht mehr „fein" genug war; den Deutschen wurde suggeriert, daß Autofahren viel bequemer sei, moderner, schöner — mit einem Wort, der Absatz von Autos wurde stark forciert. Auch bei BMW wurde in dieser Richtung expandiert und 1928 das Fahrzeugwerk Eisenach gekauft. Die Fabrik in Thüringen bestand seit 1896 und hatte anfangs Fahrräder hergestellt, später Elektrowagen und dann in Lizenz-

Die BMW-Werke in München. Früher lagen sie im Vorort, heute sind der Olympiapark mit dem Fernmeldeturm, das Olympische Dorf und das nördlich angrenzende Wohngebiet Milbertshofen direkte Nachbarn

bau den französischen Decauville, der den Namen der nahen Burg erhielt: „Wartburg". (Nach dem Krieg wurden in Eisenach — nun zur DDR gehörend — wieder „Wartburg"-Autos produziert, die allerdings dann, als DKW-Nachfolger, Zweitaktmotoren hatten.)

1928 entstanden in Eisenach Autos, für die man bei der britischen Marke Austin Lizenz genommen hatte; auch nach der Übernahme durch BMW ging deren Produktion weiter, allerdings etwas geändert und unter dem Namen „Dixi".

Knapp zehn Jahre nach Gründung der Firma stand BMW recht gut situiert da. 25 000 BMW-Maschinen fuhren bereits auf den Straßen, die erste 750er, das Modell R62, stand kurz vor ihrer Vorstellung. Auch die Flugmotorenabteilung florierte, mit dem wassergekühlten V 12-Motor MK VI (der bis zum Zweiten Weltkrieg in Serie blieb) gelang es, eine ganze Reihe aufsehenerregender Rekordleistungen zu erzielen. Nun also war auch der Automobilbau dazugekommen. Natürlich hatte sich BMW für den Kauf der Eisenacher Fabrik hoch verschulden müssen, doch sah man dies allgemein in einer Zeit des wirtschaftlichen Aufschwungs als sichere Investition an. Trotzdem gab es auch Warnzeichen, denn sogar NSU in Neckarsulm — eine alteingesessene Firma, die seit 1873 existierte und seit 1905 Autos baute — sah sich veranlaßt, seine Produktion zu drosseln und Teile des Werks an Fiat in Italien zu veräußern.

Plötzlich erschien die Expansion der Firma doch ein Fehler gewesen zu sein. 1929 war das Jahr des großen Börsenkrachs, und die Inflation nahm immer rasantere Formen an, als BMW ein neues Auto herausbrachte, den Typ 3/15, eine Modifikation des Dixi.

Trotz der wirtschaftlichen Rezession gelang es BMW, die Produktion noch zu steigern und die Zahl der Beschäftigten auf 3 860 zu erhöhen. Die Ausschüttung der Dividende an die Aktionäre wurde halbiert und die Verschuldung bei der Bank verdoppelt, doch die Firma schien eine rosige Zukunft auf vier Rädern vorauszusehen, so wie man sich zuvor auf zwei Rädern etabliert hatte. Es sollte sich jedoch zeigen, daß BMW mit der Investition in Eisenach seine Möglichkeiten bis ans äußerste Limit belastet hatte, und so begannen die dreißiger Jahre mit Stagnation. Zwei Jahre lang sank der Umsatz, es konnten keine Dividenden ausgeschüttet, Arbeiter mußten entlassen werden. Im März 1930 lieferte BMW das 1 000. MK VI-Aero-Triebwerk aus. Die schweren Motorräger verkauften sich schlecht — wegen ihres hohen Preises, der damals — wie heute auch — ungefähr die Hälfte des Jahres-Nettoeinkommens eines normalen Arbeiters betrug. Die Neuordnung des Kraftfahrzeugsteuerwesens befreite Motorräder unter 200 cm^3 Hubraum von der Kfz-Steuer und veranlaßte einen Verkaufsboom in dieser Klasse; BMW mußte schleunigst ein passendes Modell auf den Markt werfen, wollte man davon profitieren. Die R2 mit 198 cm^3 trug zwar zur Rettung der Firma nicht entscheidend bei, doch half sie sicher bei der Bewältigung der anstehenden Probleme. Wertvoll für BMW war dagegen ein Regierungsauftrag, denn die Reichswehr forderte das Modell R4 wegen seiner Geländetauglichkeit. So wurde das Motorrad doch noch, und nun zum zweiten Mal in der Geschichte des Hauses BMW, zum Retter des Unternehmens.

Während der dreißiger Jahre gelangte BMW zudem durch unzählige sportliche Erfolge und Rekordleistungen mit Motorrädern, Autos und Flugzeugen zu ganz beträchtlichem internationalen Ansehen. Dieses internationale Renommée war in Deutschland natürlich hochwillkommen, es stärkte das Selbstbewußtsein eines Volkes, das die Niederlage im Ersten Weltkrieg doppelt und dreifach hatte büßen müssen. Die Beteiligung im Rennsport beschleunigte die Entwicklung neuer Produkte — die Techniker und Ingenieure bei BMW mußten praktisch rund um die Uhr gearbeitet haben, bei den vielen verschiedenen Projekten, an denen sie damals tätig waren.

Ein Mann, der während dieser Periode neu zu BMW stieß und als typischer Vertreter für die damalige Generation von Entwicklungsleuten gelten kann, war Dipl.-Ing. Alex v. Falkenhausen; er blieb bis in die sechziger Jahre auch für die Motorradmotoren-Entwicklung zuständig. Das BMW-Werksteam genoß den Vorteil, daß einige der Ingenieure in der Entwicklungsarbteilung auch als Fahrer fungieren konnten; das prägnanteste Beispiel dafür war Dipl.-Ing. Rudolf Schleicher.

Allein im Jahr 1934 stellte BMW 7 500 neue Leute ein, die Fabriken in München und Eisenach wurden ausgebaut, es entstand eine neue Anlage zur Fertigung von Flugmotoren. BMW erlebte eine fruchtbare Periode technischer Erneuerungen. Das Reichsluftfahrtministerium kaufte hauptsächlich BMW-Motoren für die Luftwaffe: den alten wassergekühlten BMW VI und den neuen luftgekühlten Sternmotor BMW 132; später erhielt BMW vom Reich die Exclusivzusage für den Bau des luftgekühlten Triebwerks. Auf dem Automobilsektor erschien der neue Typ 326 mit Zweiliter-Sechszylindermotor mit zwei Vergasern und 50 PS, vorn Einzelradaufhängung, hinten Starrachse mit Drehstabfederung, Öldruckstoßdämpfer, Vierradbremse, der als erstes BMW-Auto den nierenförmigen Kühlergrill hatte.

Auch in der Sparte Motorrad gab es eine Reihe technischer Neuerungen, und im Rennsport machten die superschnellen Kompressormaschinen Furore. In der Serie ging man vom Preßstahlrahmen zum Rohrrahmen über (bzw. zurück), was hauptsächlich durch Verbesserungen der Schweiß-Technik ermöglicht wurde. Die R5 mit hydraulisch gedämpfter Teleskop-Vordergabel repräsentierte eine neue Ära an Federungskomfort. Bereits das nächste Modell, die R51, die extrem populär werden sollte, besaß dann schon Allradfederung. Bis der Kriegsausbruch die Produktion aller Zivilfahrzeuge stoppte, waren von der R51 13 000 Stück gebaut worden. Gern eingesetzt wurde die Maschine auch von Post und Polizei sowie in ausländischen Streitkräften. So waren zum Beispiel die bulgarische, rumänische, griechische und die holländische Armee mit BMW-Maschinen ausgerüstet.

1936 wurde in Deutschland die allgemeine Wehrpflicht eingeführt; auf dem Gelände des Werkes Eisenach installierte sich der Heeresgerätebau. BMW baute dort das Infanteriegeschütz 33, das leichte Infanteriegeschütz 18, PAK-Geschütze und Infanteriekarren. Beim Ausbruch der Feindseligkeiten 1939 stellte BMW seine Motorrad-Produktion für zivile Zwecke ein und lagerte die Fertigung nach Eisenach um, wo die Militär-Versionen der R61, R66 und R71 bis zum Jahr 1941 weitergebaut wurden. Das ländliche Thüringen galt strategisch als nicht so gefährdet wie München, deshalb lief im Werk Eisenach auch die Herstellung des Wehrmachtsgespanns R75. In Brandenburg bei Berlin entstand eine zusätzliche Fertigungsanlage für Flugmotoren und in Bitschweiler eine Gießerei. Bis 1942 betrug die Zahl der bei BMW Beschäftigten 47 346; sie bauten Motorräder, Autos und den neuen Doppel-Sternmotor, mit dem die Focke Wulf flog, ein außergewöhnlich schnelles Jagdflugzeug.

Zwischen 1941 und 1944 begannen die BMW-Techniker mit der Entwicklung und der Serienproduktion des 003-Düsentriebwerks, dessen Fertigung in großen Stückzahlen zu Beginn des Düsenzeitalters das Werk zum Branchenführer machte. 1944 erreichte während eines Testfluges die Arado 234 mit zwei BMW-Düsentriebwerken die Rekordhöhen von 45 000 ft (13 500 Meter). Doch sollte sich das Pendel bald wieder auf die andere Seite bewegen; aus großer Höhe zwangen die Zeitläufe BMW ein weiteres Mal in die Knie. Außerhalb Deutschlands erinnerte man sich noch der wundervollen Rennerfolge und Rekordleistungen, die BMW vor dem Krieg errungen hatte, an die herrlichen Motorräder und Autos, die nun — wegen Benzinmangel oder weil ihre Besitzer an der Front waren — in irgendwelchen Schuppen und Garagen von sich hin rosteten. In Deutschland selbst folgte der Kapitulation der Abbau wertvoller Maschinen; bei BMW wurde die Order ausgegeben, so viel wie möglich vor dem Zugriff der Alliierten zu retten. Ganz besonders begehrt bei den Besatzungsmächten waren die hochqualifizierten technischen Anlagen der Flugmotorenentwicklung und hier speziell ein Prüfstand für Höhenflugmotoren.

Gegen Ende des Krieges hatten Bombenangriffe der Alliierten die in und um Berlin gelegenen BMW-Werksanlagen zerstört und ein Drittel des Münchner Werks in Schutt und Asche gelegt. Das Werk Eisenach war zwar der Bombardierung entgangen, fiel jedoch in die Hände der Roten Armee und war für BMW verloren. Die alten Dixi-Werke in Eisenach wurden 1946 wieder eröffnet (unter der Bezeichnung „Eisenacher Motoren-Werke") und fertigten zehn Jahre lang die Preßstahlrahmen-Version der Vorkriegs-R35. Diese Maschine — auf Verlangen von BMW schließlich mit dem rot-weißen EMW-Emblem gekennzeichnet — wurde im Ostblock verkauft, bis die Deutsche Demokratische Republik ihre Zweiradproduktion rationalisierte und in die ehemalige DKW-Fabrik nach Zschopau verlegte. Ein Teil der Fertigungsanlagen und Maschinen in Eisenach wurde demontiert und in die UdSSR gebracht, wo man dann nach BMW-Plänen die „Ural"- und die „Dnjepr"-Gespanne baute.

In München gelang es BMW dank der Wirren, die die oft kontroversen Befehle der alliierten Kontrollorgane verursachten, ziemlich schnell, in beschränktem Umfang wieder zivil genutzte Produkte herzustellen. Am 29. August 1945 erteilte der Befehlshaber der 3. Armee BMW die Erlaubnis, landwirtschaftliches Gerät, Kochgeräte, Fahrradanhänger, 21000 Fahrräder und sogar 100 R23-Motorräder herzustellen. Teile der Werksanlagen bei BMW dienten der US-Armee als technischer Stützpunkt für ihren Fuhrpark. Am 1. Oktober befahl Major Eugene Keller von der Militärregierung dem Oberbürgermeister von München, dafür zu sorgen, daß bei BMW sämtliche verbliebenen Maschinen und Werkzeuge demontiert und für die Verschiffung in die USA vorbereitet werden. Dieser Befehl stürzte die Geschäftsleitung von BMW in tiefe Betroffenheit. Generaldirektor Kurt Donath setzte sofort mutig eine Petition auf, in der er darum bat, die Instruktionen zumindest abzuschwächen. Tatsächlich verzichteten die alliierten Kontrollorgane auf die vollständige Demontage, und die angelaufene Produktion konnte weitergehen, so weit es die Umstände zuließen — immerhin war ja ein Großteil der Maschinen bereits nach Detroit und Bristol verfrachtet worden.

Heute legen übrigens die Siegermächte Wert auf die Feststellung, daß sich die Konfiszierung der BMW-Produktionsanlagen nur auf wenige der Entwicklungspläne und Prototypen beschränkte, während das übrige dann die Basis des Wiederaufbaus der Nachkriegszeit bildeten. Auch betonte man gern, daß es BMW sehr wohl gelungen sein müsse, eine beträchtliche Menge von Teilen zur Seite zu schaffen, die später den Grundstock für den Wiederanfang darstellten.

Zum zweiten Mal in der ersten Hälfte des Jahrhunderts lähmten die Kriegsreparationskosten den Wiederaufbau des zerstörten Deutschlands. Für BMW lagen die Hoffnungen für die Zukunft wieder einmal beim Motorrad; 1948 erhielt das Werk die Erlaubnis der alliierten Kontroll-Kommission, Zweiräder mit einem Hubraum bis 250 cm^3 herzustellen. Aber es sollte bis 1953 dauern, ehe die Fabrikanlagen in München wieder voll aufgebaut waren — die notdürftig hergerichteten Anlagen konnten vorläufig nur zur Fertigung der R24 dienen. Sie besaß das Fahrwerk der Vorkriegs-R23 und einen leicht modifizierten Motor mit Viergang-Getriebe. Ein Exemplar dieses Modells wurde immerhin schon 1948 auf dem Genfer Salon gezeigt, wo bereits wieder 50 Hersteller ihre Produkte ausstellten.

Motorräder zu verkaufen war in jener Zeit nicht einfach. Es herrschten chaotische Zustände, Schwarzhändler überschwemmten den Markt mit Restbeständen aus Kriegsmaterial, es gab kaum Kraftstoff, jedenfalls nicht zu kaufen. Die Zustände besserten sich erst nach der

Die R 67 von 1955 mit schwerem TR 500-Seitenwagen

Währungsreform. 1949 konnte BMW 9 450 Motorräder herstellen und auch verkaufen, die meisten waren aus Vorkriegs-Teilen gefertigt, die die Bombardierung überstanden hatten. Bis 1950 hatten 12 000 Stück des Modells R24 das Werk verlassen, und die Produktion wurde auf das Nachfolgemodell R25 mit Hinterradfederung umgestellt.

Im gleichen Jahr ging auch die erste Nachkriegs-Zweizylindermaschine, die R51/2, wieder in Serie. Sie glich der R51 aufs Haar, doch hatte man ihren Preis von 1938 von 1 595 Reichsmark auf 2 750 DM anheben müssen. Knapp ein Jahr später brachte BMW eine völlig neue Zweizylindermaschine heraus, mit dem 252-Motor, der 18 Jahre in Produktion bleiben sollte. Die andere Neuvorstellung des Jahres 1951 war die R67, die später als Seitenwagenversion beliebt war. In diese Zeit fielen die ersten zaghaften Exporte nach England und in die USA, die in den sechziger und siebziger Jahren zu BMWs Hauptabsatzmarkt werden sollten.

Die Geschicke des Hauses BMW ruhten in den fünfziger Jahren wieder ganz auf den Zweirädern, und bis 1953 erreichte die Nachkriegsproduktion bereits die 100 000er Marke. Die starke Nachfrage nach Motorrädern hatte 1952 zur Vorstellung der R68 ermutigt, die das erste BMW-Motorrad war, das echte 160 km/h Spitze brachte. Ungefähr ein Fünftel dieser Maschinen wurde exportiert, die meisten davon in die USA. Gerade als es schien, als ob die schlimmste Phase des Wiederaufbaus überwunden sei, sanken die Verkaufszahlen für Motorräder drastisch. Bei BMW fiel die Zahl von fast 30 000 Einheiten im Jahr 1954 auf knapp über 5 000 Stück 1957. Für die Zweiradproduzenten wiederholte sich nun die Situation der zwanziger Jahre, als schon einmal die Leute vom Zweirad aufs Auto umgestiegen waren. Allein in

Deutschland konkurrierten 26 verschiedene Motorradhersteller — von Adler bis Zündapp — um Marktanteile. Die Produktion von Flugmotoren befand sich gerade erst im Stadium des Neuanfangs, und auf dem Automobilsektor quälte sich BMW mit dem Suchen nach einer neuen Strategie.

In ganz Europa erholte sich die Wirtschaft von den Kriegsfolgen; den Menschen ging es überall wieder besser, und die Folge davon war, daß das Motorrad als Transportmittel durch etwas „Besseres“ abgelöst wurde. Trotzdem war die Zeit noch nicht reif für solche Luxuskarrossen wie dem BMW-Typ 502. Doch der Notbehelf, für den man sich bei BMW entschloß, erschien bei seiner Vorstellung mindestens so bizarr wie das andere Extrem. BMW erwarb nämlich von der italienischen Firma Iso die Lizenz für den Bau von deren Kleinwagen, bestückte das Fahrzeug mit einem Einzylinder-Motorradmotor und nannte das (dessen differentiallose Hinterachse zwei eng beieinanderstehende Räder trug, die fast den Eindruck eines Dreirads vermittelten) Gefährt „BMW-Isetta“. Sofort hatte das Wägelchen seinen Spitznamen weg: Das rollende Ei. Immerhin wurde der kleine Zweisitzer ca. 200 000mal verkauft.

Als Nachfolgemodell brachte BMW 1957 eine längere Version mit „echten“ vier Rädern heraus, die den R50-Motor hatte, wegen ihres sonderlichen Äußeren aber kein Schlager wurde. Glücklicherweise hatte man da den Nachfolger der Isetta schon fertig, ein schmuckes kleines Coupé mit 700 cm^3-Boxermotor; doch während sich das Jahrzehnt dem Ende zuneigte, sah es um BMW immer düsterer aus.

Der Geschäftsbericht des Jahres 1959 wies rote Zahlen auf. Es gab Pläne, mit Daimler-Benz zusammenzugehen, auch eine Fusion mit der alteingesessenen Firma Glas wurde erwogen. Die gesamte Motorradabteilung sollte in die Nürnberger Zweirad-Union übergehen, in der bereits DKW, Express und Victoria verschmolzen worden waren. Der Flugmotorenbau in Allach wurde an MAN verkauft. Eine Gruppe von Kleinaktionären kämpfte um die Zukunft des Werkes, verlangte Aufschub der Pläne und Diskussionen um den Anschluß an einen der Branchen-Riesen. Endlich ein Zeichen zur Wende: Dr. Herbert Quandt, Großaktionär verschiedener Unternehmen der deutschen Wirtschaft, bekundete sein Interesse an BMW und schaffte es, daß die Großbanken wieder Zutrauen faßten. Die lebenswichtige Finanzfusion begann sofort zu wirken — BMW war „über den Berg“. Veränderungen im Management brachten neue Methoden und Taktiken in den Bereichen Promotion und Marketing, die zusammen mit dem Verkaufserfolg des neuen 700er Modells BMW zurück auf die Straße des Erfolgs brachten, wobei der Schwerpunkt bald eindeutig bei den Automobilen lag.

In den sechziger Jahren brachte BMW erst das 700er Coupé (und eine ebensolche Limousine), dann die Limousinen mit 1 500, 1 600 und 1 800 ^{3} heraus, die den Händlern praktisch aus den Händen gerissen wurden — während der Absatz von Motorrädern 1969 auf die dra-

Gegensätze im BMW-Programm der fünfziger Jahre: links die Isetta, rechts die Achtzylinder-Limousine

matisch niedrige Zahl von 4 700 Stück sank. Im Gegensatz zu den Autos, die sich ein fabelhaftes Image erworben hatten, hielt man die Motorräder für überentwickelt und viel zu teuer. Der Geschmack tendierte mehr und mehr zu den Superbikes, und dafür erschienen die BMWs zu schwer und zu altmodisch. Der neue Stil war die Vierzylinder-Honda CB 750, die die anderen Japaner dazu bewog, im Handumdrehen ebenfalls mindestens ein Vierzylindermodell „nachzuschieben". Auch die Italiener zogen mit; Benelli, Ducati, Laverda und Moto Guzzi brachten ebenfalls mehrzylindrige Superbikes heraus. 1969 fiel schließlich auch die altberühmte Viertelliter-Maschine R27 dem Einbruch bei den Verkaufszahlen zum Opfer; das letzte einer langen Reihe von Einzylindermodellen war zu unmodern, zu teuer und zu exclusiv geworden, als daß es noch mit den leichteren, handlicheren — und billigeren — Massenprodukten aus Japan hätte konkurrieren können, die die Märkte in Europa und USA überfluteten. Eine Zeitlang sah es so aus, als sei die einzige Alternative für BMW, die Motorradproduktion ganz einzustellen.

Zunächst aber verlegte BMW die komplette Motorradfertigung nach Berlin-Spandau. Dieser Schritt hatte nichts mit Traditionsbewußtsein zu tun — Berlin war immerhin die alte deutsche Hauptstadt, und vor und während des Krieges hatte BMW dort bereits eine Fertigungsstätte betrieben — sondern eher damit, die in Berlin besonders günstigen steuerlichen Vorteile auszunutzen (allerdings werden diese Vergünstigungen durch die besondere Lage West-Berlins und die langen und beschwerlichen an- und Abfahrtswege der Frachtgüter erheblich geschmälert).

Das Herzstück des Unternehmens ist nach wie vor das Werk in München. 1963 konnte nach 20 Jahren erstmals wieder Dividende an die Aktionäre ausbezahlt werden, und zwischen 1960 und 1964 rückinvestierte BMW 136 Millionen DM in die Entwicklung der Autos der „neuen Klasse", die sich großer Beliebtheit erfreuen konnten. BMW verdoppelte die Zahl der Belegschaft auf 12 000 Arbeiter und kaufte die Firma Glas in Dingolfing.

Mit den Autos der „Neuen Klasse" hatte BMW sich ein neues Image als Hersteller kompakter, sportlicher, schneller, eleganter und preiswerter Mittelklassewagen geschaffen, die exakt den Geschmack der Käufer trafen. Im wirtschaftlichen Aufschwung der sechziger Jahre florierte BMW immer besser; 1968 entstanden in Dingolfing eine neue Fertigungsanlage und ein Zentralersatzteillager, die Jahresproduktion der Autos kletterte auf 145 000 Stück. In Landshut errichtete BMW eine neue Fabrik zur Herstellung verschiedener Teile, wie Antriebswellen, Lenksäulen und Plastikteilen.

Zu Beginn der siebziger Jahre konnte BMW mit Fug und Recht von sich behaupten, wieder einer der weltbesten und berühmtesten Fahrzeughersteller zu sein. 23 000 Arbeiter produzierten 166 000 Autos und fast 19 000 Motorräder im Jahr und erbrachten einen Gesamtumsatz von 1 900 Millionen DM.

„Der größte Vierzylinder der Welt", das Hauptverwaltungsgebäude von BMW in München. Der Rundbau beherbergt das BMW-Museum. Links dahinter das Werkstor der Automobilfertigung

BMW-Versuchsgelände in Aschheim

Und wie um diesen Status auch zu dokumentieren, eröffnete BMW 1972 das neuerrichtete, 100 Meter hohe, 21stöckige Verwaltungsgebäude. Die ungewöhnliche Form des Gebäudes war ein Entwurf des Wiener Architekts Karl Schwarzer, dessen Absicht es gewesen war, das BMW-Emblem konstruktiv darzustellen. Am Fuße des riesigen „Vierzylinders“ entstand das BMW-Museum in Form einer massiven Schüssel. Im Verwaltungsgebäude arbeiten 2 000 Angestellte in Großraumbüros; die Geschäftsleitung residiert in den obersten Geschossen. Schnellaufzüge verbinden die Stockwerke mit dem Erdgeschoß oder der Tiefgarage. Gleich nebenan befinden sich die hoch technisierten Werksanlagen, in denen die BMW-Automobile entstehen. Aus den Fenstern der oberen Etagen genießt man einen überwältigenden Blick über München, der zeigt, wie enorm die Stadt seit der Zeit gewachsen ist, als BMW noch in der Vorstadt lag. Die Fertigstellung des Vierzylinders im Jahr 1972 erlaubte BMW, dem größten Münchner Arbeitgeber, sich zu den Olympischen Spielen, als die ganze Welt in Bayerns Metropole zu Gast war, ins rechte Licht zu setzen. Neben dem Olympiaturm bildete der „Vierzylinder“ nun eines der markantesten Bauwerke des modernen München — und während sich auf den Olympia-Wettkampfstätten die Sportler um Medaillen bewarben, stellten die Manager bei BMW die Weichen für eine weltweite Expansion des Unternehmens, die aus den Bayerischen Motoren-Werken eine multinationale Gesellschaft machen sollte.

Forschung und Entwicklung widmete man bei BMW von jeher das meiste Augenmerk. BMW war immer dafür bekannt, die erzielten Gewinne wieder in die Entwicklung zu stecken, und das Werk konnte sich dabei glücklich schätzen, Ingenieure in seinen Diensten zu haben, die ihre Ideen nicht nur theoretisch aufs Papier bringen, sondern selbst „vor Ort“ auch praktische Erfahrungen sammeln konnten. Die Entwicklungsingenieure Schleicher und von Falkenhausen testeten ihre Versuchsobjekte früher auf dem zum Werk gehörenden alten Flugplatz Oberwiesenfeld; seit 1971 besitzt BMW ein eigenes Testgelände bei Aschheim, nördlich von München. Dort können alle Fahrzeuge eingehendsten Tests unterzogen werden, wobei sämtliche Programme natürlich elektronisch erfaßt werden. Die Anlage besteht unter anderem aus einer Hochgeschwindigkeitsstrecke, verschiedenen Offroad-Varianten und einem Windkanal. Hier wurden nach neuesten aerodynamischen Erkenntnissen auch die Verkleidungen für die Motorräder entwickelt und erprobt. Bezüglich der Anstrengungen, die BMW für die Erforschung zukünftiger Projekte unternimmt sowie der Investitionen, die dafür aufgewendet werden, kann sich übrigens kein japanischer Hersteller mit den Münchnern messen.

Die Autos der „Neuen Klasse“ hatten BMW zurück auf die Straße des Erfolgs gebracht, nun war man auch willens und in der Lage, dem Motorrad wieder „auf die Beine zu helfen“. Die neugeschaffene Siebener-Reihe traf genau den Trend der siebziger Jahre, wo der rapide wachsende Freizeit-Markt neue exclusive Hobbygeräte verlangte. Die neuen BMW-Modelle stellten das Optimum des BMW-Konzepts dar und eroberten sich wegen ihrer luxuriösen Aufmachung eine Nische des ansonsten durch verwirrende Modellvielfalt der japanischen Massenproduzenten überfluteten Marktes.

Es gibt natürlich Leute, die behaupten, daß das Werk nach dem Auslaufen des Modells R69S aufhörte, noch richtige, echte BMW-Motorräder zu bauen. Solche Ansichten wiederum ließen den Großteil der BMW-Fahrer staunen, denn die meisten von ihnen fahren erst seit etwa einem Jahrzehnt BMW.

Zwischen 1970 und 1980 konnte BMW die jährliche Autoproduktion verdoppeln, während die Zahl der Motorräder von 12 000 auf 29 000 Einheiten stieg. Das Spitzenjahr dieser Zeitspanne war 1977, als in Spandau 31 000 Motorräder gebaut wurden, womit die Leistungsgrenze des Berliner Werks erreicht war. In diesen zehn Jahren stellte BMW insgesamt 264 760 Maschinen her, von denen ein Großteil in den Export — hauptsächlich nach USA — ging. Diese Produktionszahl hält man bei BMW übrigens für etwa die Hälfte der Maschinen, die heute noch in der ganzen Welt auf den Straßen fahren. Ein Marketing-Spezialist würde sagen, daß derartige Absatzzahlen für sich selbst sprechen; Motorräder, von deren Qualitäten die Leute nicht restlos überzeugt seien, verkauften sich nicht so gut.

Produktions- und Verkaufszahlen der BMW-Motorräder

Jahr	*Produktion*	*Verkauf*
1970	12 287	12 346
1971	18 772	18 898
1972	21 122	21 045
1973	20 956	19 918
1974	23 160	25 189
1975	25 566	25 553
1976	28 209	28 171
1977	31 515	31 231
1978	29 580	26 592
1979	24 415	27 339
1980	29 260	29 263

Dieses Wachstum war natürlich sehr erfreulich, auch für die Aktionäre — in der Hauptsache die Quandt-Familie —, bewies es doch, daß das Festhalten am Motorrad und das Vertrauen in seine Zukunft doch gerechtfertigt waren. Diese erfreuliche Periode der Weiterentwicklung bedeutete aber auch eine beträchtliche Expansion der Firma in anderen Geschäftszweigen sowie eine Steigerung der Zahl der Arbeitnehmer. Über 37 000 Beschäftigte arbeiten direkt für BMW, zusätzlich Tausende, die weltweit als Händler und Importeure dem Werk angeschlossen sind. Kopf des ganzen Unternehmens ist gegenwärtig Dipl.-Ing. Eberhard v. Kuenheim, seit 1970 Vorsitzender des Vorstands, der aus nur sieben Direktoren besteht. Dieses verhältnismäßig kleine Manager-Team ist für die BMW-Organisation typisch, die schnellste Kommunikation zwischen den Entscheidungsbefugten für nötig hält, um stets in realem Kontakt zum Geschäftsablauf zu bleiben. Die Unternehmensstruktur zeigt, wie komplex das Zusammenspiel ist. Als das Unternehmen erweitert wurde, gab es einige Organisations-Experimente, die der Verantwortlichkeit neue Impulse verschaffen sollten. Neben der Mutterfirma, der BMW AG, rief man 1976 die Motorrad-GmbH ins Leben, der Verkauf, Ersatzteile, Service und Marketing selbständig oblagen, bis 1981 auch die Entwicklung, die dann aber wieder in die Verantwortlichkeit der BMW AG zurückgegliedert wurde. Gegenwärtig leitet die Motorrad-GmbH in München ein Geschäftsführer-Gremium unter dem Vorsitz von Dr. Eberhard C. Safert; zuständig sind Karl H. Gerlinger, Hans-Andreas Glas (Fertigung Berlin) und Stefan Pachernegg (Technik).

Neu eingestellte BMW-Mitarbeiter sind meist des Lobes voll über die Arbeitsbedingungen, die sie vorfinden sowie die Vergünstigungen, die das Werk seinen Beschäftigten bietet. Die Sozialleistungen sind ganz enorm und können als vorbildlich bezeichnet werden. Es gibt nicht nur eine hervorragende Kantine, sondern auch medizinische Betreuung, Kindergärten und Sportanlagen. Bis auf wenige Ausnahmen arbeiten die Angestellten in neuen, modernen Gebäuden, die das exclusive Image des Unternehmens auch nach außen hin dokumentieren. Die Bezahlung bei BMW ist übertariflich, es gibt eine zusätzliche Urlaubs-Vergütung und den überaus beliebten und vielgenutzten Werksrabatt auf alle Wagen. Höhere Angestellte verfügen natürlich alle über einen — kostenlosen — Werkswagen.

Obgleich die Tochter-Unternehmen weitgehend selbständig arbeiten und in Personalfragen ziemlich unabhängig sind, ist die internationale Strukturierung deutlich spürbar. So wurde zum Beispiel vor kurzem der Leiter von BMW-Frankreich, Jean Pierre Bailby, als neuer Boß der Niederlassung BMW of Northamerica in die USA berufen. Die meisten Angestellten sind jung und technisch hochqualifiziert. Die bei BMW übliche Praxis, kleine Arbeitsgruppen zu schaffen, die sich untereinander schnell austauschen können und deren Verbindung zu den Entscheidungs-Machern so eng wie möglich ist, bedeutet allerdings für die Leute, daß sie sich mit Leib und Seele ihrem Job verschreiben müssen. Erfordert es eine Aufgabe, so wird ganz selbstverständlich erwartet, daß der damit beschäftigte Mann notfalls seine Freizeit opfert und so lange an der Lösung des Problems arbeitet, bis er sie — Streß hin oder her — tatsächlich gefunden hat. Trotz der Größe des Unternehmens hält sich die Bürokratie in Grenzen, obwohl natürlich eine Unmenge Papierarbeit anfällt. Eine erstaunliche Erleichterung bedeutet hier die elektronische Datenverarbeitung.

Die engmaschige Organisation des Münchner BMW-Managements ist das Vorbild, nach dem auch die Auslands-Niederlassungen strukturiert sind. So können die Geschäftsabläufe sehr effizient funktionieren; es genügt eine kleine Anzahl von Topmanager, die sich mit Computern und Telexverbindungen und nur gelegentlichen persönlichen Meetings „kurzschalten" können. Ein solches Teamwork erlaubt natürlich keinen Leerlauf innerhalb der Organisation und der Druck, der auf den Managern lastet, ist entsprechend gewaltig. Heutzutage wechseln bekanntlich auch die Spitzenmanagern ihre Aufgabengebiete manchmal plötzlich, zumindest verglichen mit den Zeiten, als Leute wie Friz, Schleicher und Popp dem Werk über Jahrzehnte hinweg dienten.

Die Übernahme ausländischer Importeure durch BMW und die Errichtung eigener Niederlassungen führten in den siebziger Jahren dazu, daß eine Reihe Köpfe rollen mußten. Die Notwendigkeit dieser Maßnahme ist übrigens noch heute nicht unbestritten, nicht zuletzt deshalb, weil man damals „Macher" auf Positionen setzte, die vom Motorrad wenig oder nichts verstanden und sich erst mühevoll mit der Materie vertraut machen mußten. Immerhin ist man bei BMW heute weitgehend davon überzeugt, daß man seine Produkte über die eigene Organisation ungleich besser absetzen kann als mit unabhängigen Importeuren. Klare Linien der Verantwortlichkeit sowie die Standartisierung von Geschäftsabläufen führen zwangsläufig zur Straffung von Produktion und Marketing, die Langzeit-Planung wird erleichtert und die engere Verbindung zur Mutterfirma ermöglicht flexiblere Operationen, wie etwa das schnelle Reagieren auf einen neuen Trend.

Die Entscheidung von BMW, die Geschicke des Unternehmens zentral zu kontrollieren, bargen allerdings eine Gefahr in sich: Wenn wichtige Entscheidungen zu einsam, steril und exclusiv gefällt werden, dann können die Erfordernisse des Marktes sehr wohl auch einmal mißdeutet werden. Auf dem heutigen Motorradmarkt mit seinem so ungeheuer starken Konkurrenzkampf kann es sich ein Werk mit einem so kleinen Modellangebot wie BMW kaum leisten, einen Flop zu bringen. Für jedes Motorrad, das BMW baut, entstehen gleichzeitig zwölf Autos — auf dem Vierradsektor nämlich liegt heute das BMW-Geschäft. Manchmal scheint es nicht nur, sondern es ist so, daß das ganze Bestreben der Geschäftsleitung dem Auto gilt, und das Motorrad gnädig noch „nebenher" mitlaufen darf.

Diese Redewendung will man bei der Motorrad-GmbH allerdings überhaupt nicht hören — im Gegenteil, dort beharrt man darauf, zu betonen, daß BMW auch Motorräder baut, um daran zu verdienen, keineswegs aber lediglich aus Tradition. Es ist aber unbestreitbar, daß es Traditionsbewußtsein war, welches das Zweirad in den sechziger Jahren bei BMW vor dem Untergang gerettet hat; seitdem aber hat es seine Daseinsberechtigung immer wieder bewiesen. Inzwischen ist es keine Frage mehr, daß die Produktionsanlagen für Motorräder erweitert und ausgebaut werden und daß Entwicklungsarbeiten auch an neuen Motoren und Fahrwerken die Tradition des Frizschen Konzepts fortführen sollen.

50 Jahre Automobil-Produktion von BMW: ganz links der 15-PS-Dixi von 1928, daneben der 303 mit 30 PS (1933), der 326 mit 50 PS (1936), der V8 502 mit 95 PS (1954), der 1802 mit 90 PS (1968) und der 733i mit 197 PS von 1980

Bayerische Motoren Werke Aktiengesellschaft,
München,
Grundkapital 600 Mio DM

Beteiligungen im Inland

BMW Leasing GmbH München (100 %) 10,0 Mio DM;
BMW Marine GmbH München (100 %) 6,0 Mio DM;
BMW Maschinenfabrik GmbH Berlin
(100 %) 6,0 Mio DM
BMW Motorrad GmbH Landshut
(100 %) 0,02 Mio DM;
BMW Motorrad GmbH + Co München (99 %);
BMW Motorsport GmbH München
(100 %) 0,02 Mio DM;
Bavaria Wirtschaftsagentur GmbH München
(100 %) 0,2 Mio DM;
Bavaria-Lloyd Reisebüro GmbH München
(51 %) 0,05 Mio DM;
Schorsch Meier GmbH München (100 %) 0,3 Mio DM;
Fahrzeug- und Maschinenfabrik GmbH Landshut
(100 %) 0,3 Mio DM;
BMW Kredit Bank GmbH Frankfurt/M
(45 %) 15,75 Mio DM.

Beteiligungen in Europa

BMW Holding AG Zürich, Schweiz,
(100 %) 10,0 Mio sfr;
BMW Belgium SA/NV Kontich, Belgien,
(100 %) 66,0 Mio bfr;
BMW Services SA/NV Kontich, Belgien,
(100 %) 500,0 Mio bfr;
BMW Schweiz AG Dielsdorf, Schweiz,
(100 %) 0,5 Mio sfr;
BMW Nederland B. V. 's-Gravenhage, Niederlande,
(100 %) 0,5 Mio hfl;
BMW Motoren GmbH Steyr, Österreich,
(100 %) 1,0 Mrd öS;
BMW Austria GmbH Salzburg, Österreich,
(100 %) 50,0 Mio öS;
BMW France S. A. Bois d'Arcy, Frankreich,
(100 %) 18,7 Mio FF;
BMW GB Ltd. Bracknell, Großbritannien,
(100 %) 4,0 Mio £;
BMW Iberica S. A. Madrid, Spanien,
(100 %) 85,0 Mio Ptas;
BMW Rental Services S. A. Madrid, Spanien,
(100 %) 10,0 Mio Ptas;
BMW Italia S. p. A. Palazzolo di Sona (Verona) Italien,
(100 %) 8,0 Mrd Lit.;
BMW Italia Leasing S. p. A. Palazzolo di Sona (Verona) Italien, (100 %) 3,0 Mrd. Lit..

Beteiligungen in Übersee

BMW Japan Corp. Tokio, Japan, (100 %) 495,0 Mio ¥;
BMW of North America Inc. Montvale, N. J., USA, (100 %) 4,0 Mio US $;
BMW Distributors Eastern Canada Ltd., Whitby, Ont., Kanada, (20 %) 0,02 Mio can $;
BMW Overseas Enterprises NV Willemstad, Curacao, N. A. (100 %) 2,0 Mio DM;
BMW South Africa (Pty) Ltd Pretoria, Südafrika,
(100 %) 12,9 Mio R;
BMW US Corp. Wilmington, Del., USA,
(100 %) 8,0 Mio US $;
BMW Australia Ltd. Melbourne, Vic., Australien,
(100 %) 0,5 Mio A $.

Wie die BMW-Motorräder entstehen

Eine BMW besteht aus etwa 5 000 Einzelteilen. Jedes einzelne davon ist das Ergebnis sorgfältigster Auswahl, unablässiger Entwicklung und penibler Herstellung unter strengsten Qualitätskontrollen. BMW geht davon aus, daß nur das Beste gut genug für das Beste aller Motorräder ist. Wo aus diesen Teilen Motorräder gefertigt werden, da befinden sich die Berliner Werksanlagen im Stadtteil Spandau.

Auf den ersten Blick unterscheidet sich die BMW-Motorrad-Fertigung nicht von den anderen Fabriken des Industriegebiets Spandau. Ein niedriges, rotes Backsteingebäude erstreckt sich längs der Straße am Juliusturm, verschiedene andere Gebäude sind darum herum gruppiert. Die ganze Anlage strahlt den soliden Funktionalismus des 19. Jahrhunderts aus, von der Moderne war kaum etwas zu sehen. (Das wurde erst anders, als die geplanten neuen Produktionsstätten fertig wurden.) Errichtet wurde die Fabrik von der preußischen Regierung zur Herstellung von Waffen und Munition. 1928 erwarb sie Siemens & Halske und stellte dort Flugmotoren her. 1939 ging die Fabrik in den Besitz von BMW über, als man für die Motorenherstellung für die Ju 52 neue Produktionsstätten benötigte. Bis 1940 wurde das Werksgelände ständig erweitert, 10 000 Arbeiter waren dort beschäftigt.

Fünf Jahre später lag auch Berlin in Trümmern. Die BMW-Fabrik hatte zwar das Bombardement ohne größeren Schaden überstanden, entging jedoch nicht der Demontage. In dem, was am Ende von der Fabrik übrig geblieben war, werkelten dann wieder 100 Mann an der Erzeugung von landwirtschaftlichem Gerät und der Reparatur von Autos. Zur Zeit der Berliner Blockade, 1948, wurden in der Fabrik Werkzeugmaschinen gebaut, und im Jahr darauf begann bereits die Produktion von Motorradteilen für die Fertigung in München. Als Ende der fünfziger Jahre das Motorrad bei BMW ums Überleben kämpfte, entstanden in Berlin die Motoren und Getriebe der Typen R50S und R69S. In der Rationalisierungskampagne, die der Krise folgte, fiel schließlich die Entscheidung, die gesamte Motorradfertigung nach Spandau zu verlegen und nur noch die Kraftübertragung in Bayern herzustellen. Das erste „Berliner" Modell war die Fünfer-Reihe; 400 Arbeiter bauten täglich 30 Stück. 1975 verließ die 100 000. Maschine das Band, und in Spandau standen nun 1 300 Arbeiter auf der Lohnliste. Der Tagesausstoß hatte sich auf 120 Einheiten erhöht, und die Produktion umfaßte nun das ganze Motorrad. 1976 wurde der Sektor Motorrad ganz von der BMW AG abgetrennt und die BMW Motorrad-GmbH gegründet.

Der Verkaufsboom der damaligen Zeit setzte das Berliner Werk ziemlich unter Druck; die Rahmenfertigung mußte in gemietete Werkhallen in der Nähe ausweichen, weil für die neuen kompakten R45/65-Modelle mehr Platz gebraucht wurde. Zwar entstanden 1979 neue Gebäude, doch wurden dort Scheibenbremsen und Auspuffanlagen für die Automobilproduktion hergestellt, denn die Expansion jener Zeit stellte auch das Wagenherstellen vor Platzprobleme. Bis 1981 wurde in Spandau die Motorradproduktion auf 135—145 Einheiten pro Tag gesteigert, damit waren die Grenzen der Kapazität erreicht. Besonders schwierig gestaltete sich die Situation in der Lackiererei und in der Endmontage. Erleichterung brachten erst die Neubauten, die es ermöglichen, den jährlichen Ausstoß von 33 000 auf 60 000 Stück zu erhöhen. Bis 1983 soll deshalb in Spandau die Zahl der Arbeiter auf 1 800 angehoben werden. Zirka 60 Prozent der hervorragend ausgebildeten Arbeiter sind übrigens Jugoslawen und Türken, die 456 Bandarbeiter sind in sieben Gruppen aufgeteilt. 76 bauen die Rahmen, 38 die Triebwerke, 15 arbeiten in der Lackiererei, 38 in der Galvanisierung, 135 in der Vormontage, ebenso viele in der Endmontage und 19 in der Packerei.

Ungefähr 40 Prozent eines BMW-Motorrads werden von BMW in Berlin selbst produziert, so der Motor, der Rahmen und das Getriebe. Andere Teile, wie die Elektrik, Dämpferelemente, Räder, Bremsen und die Sitzbank, kommen von Zulieferern und unterliegen strengsten Qualitätskontrollen. Diese geschieht durch BMW-Angehörige gleich „vor Ort" in den Fabriken, wo sie hergestellt werden. Die Instrumente und die meisten Zahnräder werden in Deutschland gefertigt, die Bremsen und die Leichtmetall-Räder in Italien. Die Reifen stammen entweder von Metzeler in München oder von Continental in Hannover. Neuerdings werden BMW-Maschinen aber in der Erstausstattung auch mit Michelin oder in USA entwickelten und in Japan produzierten Dunlop-Reifen ausgestattet.

Die Endmontage macht sehr stark den Eindruck einer Werkstatt, wo der Meister ständig alles inspiziert und auf Genauigkeit und Präzision achtet. Ein Fünftel der Arbeiterschaft übt ihren Job in der Qualitätskontrolle aus, und um die Ausnutzung noch wirkungsvoller zu machen,

Montage von /6-Maschinen im Spandauer Werk

schult BMW seine Bandarbeiter speziell dafür, selbst die Inspektionsprüfungen zu machen.

München und die Marketing-Abteilungen der Auslandsniederlassungen melden ihre Vorstellungen und Wünsche an die Modellreihe ein Jahr im voraus, Berlin plant danach die Produktion. Die Bestellungen der Händler müssen drei Monate vor Auslieferung eingehen, Farbwünsche werden vier Wochen vorher bestätigt. Neuerdings gibt es Strömungen, wonach ein bestimmtes Modell schon an seiner Farbe zu erkennen sein soll, doch bringt das noch Schwierigkeiten mit den Amerikanern, die ja bekanntlich buntere Farben als die Europäer bevorzugen. Viele Jahre lang konnte der BMW-Käufer unter allen Farben auswählen, „solange es nur schwarz" war (ein Ausspruch, der Henry Ford zugeschrieben wird) — viele halten Schwarz noch heute für die klassische Motorradfarbe.

Die Modellreihe beinhaltet z. Z. die Kompakten, die Mehrzweckmaschinen, die Tausender und die Behördenfahrzeuge — sie alle können in jeder erforderlichen Reihenfolge und Kombination übers Band laufen. 1980 waren das 47 % Einlitermaschinen, 40 % der Typen R45/65, 9 % Behördenmaschinen und 4 % von der G/S. Seit BMW mehr Einfluß auf die Hauptimporteure besitzt, kann die Produktplanung auf der Basis von Entwicklungsprogrammen und abgestimmten Ziel-Verkaufszahlen viel präziser erfolgen. Der Wettbewerb unter den Welt-Produzenten des „rollenden Metalls" erfordert genauestes Ausloten des Marktes und eine ständige Steigerung des Verkaufs. Zur Zeit ist jedes Auto, das bei BMW vom Hof rollt, bereits verkauft — das aber ist beim Motorrad nicht der Fall und wird es auch in Zukunft ganz sicher nicht sein.

Das Herz eines jeden BMW-Motorrads, der Motor also, beginnt sein Leben in der Abteilung für die Herstellung mechanischer Teile. Hier formen nummerisch kontrollierte Bohr- und Fräsmaschinen den Aluminiumrohling in den Motorblock um. Gleich nebenan werden Kurbelwellen, Nockenwellen, Pleuelstangen, Schwungscheiben, Antriebswellengehäuse und Bremsscheiben wärmebehandelt, gedreht, gebohrt, poliert und ausgewuchtet und so für den Einbau vorbereitet.

Eine Vorstellung von der Komplexität dieser Vorgänge erhält man, verfolgt man einmal den Weg einer RT-Kurbelwelle, die von ihrem Anfang als Rohguß bis zu ihrer Fertigstellung eineinhalb Kilogramm Metall verliert. Das ovale Fertigungsband, wo erstklassig ausgebildete Leute die Motoren zusammenbauen, ist verhältnismäßig kurz. In einer Serie gut aufeinander abgestimmter Arbeitsphasen wird — begleitet von lautem Maschinengedröhn — das leere Motorgehäuse wie eine Konfektschachtel sorgfältig gefüllt, mit der ausbalancierten Kurbelwelle, mit Nockenwelle, Ölpumpe, Schwungscheibe, Getriebe, Kupplung, Ölsumpf, Pleuelstangen, Kolben, Laufbuchsen und Ventilen. Anschließend werden vorgefertigte Teile bzw. Aggregate wie Zündanlage, Starter, Lichtmaschine, Luftfilter und Vergaser, eingebaut. Zum Schluß werden die Kerzen eingeschraubt, und nach drei Minuten schwingt der komplette Motor vom Band. Für Prüfstandkontrollen werden willkürlich Triebwerke direkt vom Band genommen.

Eine Ahnung, warum BMW-Maschinen so berühmt für ihre phantastische Straßenlage sind, erhält man in der Abteilung, wo das Fahrwerk entsteht. BMW kann auf eine lange Erfahrung im Rahmenbau zurückblicken, nicht zuletzt auf Rennerfahrung, außerdem ist das Werk stolz darauf, stets modernste Herstellungs-Techniken verwendet zu haben, die den Fahreigenschaften zugute kamen. Die Rahmen der BMW sind gasgeschweißte, geschlossene Doppelschleifenrahmen aus speziellen Leicht-Stahlrohren. An den Hauptbelastungspunkten sind die Rohre oval versteift, und das Rückgratrohr des Rahmens ist doppelwandig und so besonders verstärkt. Saubere Schweißnähte und ein besonderer Korrosionsschutz sorgen für Langlebigkeit des Werkstoffs. Ferngesteuerte Roboter schweißen den Rahmen zusammen, jedes fertige Stück wird auf einem optischen Prüfstand einer genauen Qualitätskontrolle unterzogen. Seit 1969 sind die BMW-Rahmen für den Betrieb mit Seitenwagen nicht geeignet; die heutigen Fahrwerke sind für den Solo-Tourenbetrieb konzipiert, sie sind jedoch so stark, daß selbst eine Serienmaschine Belastungen bis zum äußersten Limit — etwa bei Wettbewerben — anstandslos aushält.

Sämtliche Einzelstücke eines BMW-Motorrads treffen schließlich in der Endmontage zusammen, die im zweiten Stock der großen Halle untergebracht ist. Das U-förmige, langsam laufende Montage-Fließband ist bemerkenswert kurz und kann bis zu 15 Maschinen in den verschiedenen Stadien der Fertigstellung aufnehmen.

Im ersten Arbeitsgang wird der Motor in den Rahmen eingebaut und die Sitzbank montiert. Es folgt der Einbau der Schwinge und der vorderen Auspuffrohre, dann die Montage der Hinterradbremse und des Kardans. Kurz vor der U-Wende des Bandes werden die Kabel installiert und die hinteren Feder-Dämpfer eingebaut. Auf dem Rücklaufteil des Bandes werden erst Vordergabel und Vorderrad montiert, dann Scheinwerfer und Gepäckträger. Lenker und Bowdenzüge folgen mit den Schutzblechen, dem Hinterrad und den Schalldämpfern. Auf der letzten Station werden die Bremsen komplettiert und eine kurze Inspektion durchgeführt, ehe die Maschinen an ihren Hängevorrichtungen davonschwingen, um in die Endmontage im Erdgeschoß zu gelangen.

Montage der Zylinder

Rahmenfertigung

Rollenprüfstand

Im Stockwerk über dem Montageband befindet sich die Lackiererei, wo die Rahmen nach einer elektrostatischen Grundierung tauchlackiert werden und dann eine Trockenanlage durchlaufen. Der „konventionellste" Arbeitsvorgang des ganzen Herstellungsprozesses findet ebenfalls hier statt: Von Hand werden die Tanks mit einigen wenigen schwungvollen Handbewegungen mit den typischen Linien verziert. Die fertigen Tanks kommen dann ins Erdgeschoß, wo die Endmontage stattfindet. Hier werden 250 Punkte einer jeden Maschine durchgecheckt und der Tank sowie die Verkleidung montiert. Zuerst wird jedes Motorrad noch mit einem (zerbeulten) Probe-Tank bestückt, während die letzten Checks durchgeführt werden. Dann wird der Motor zum ersten Mal angelassen, Vergaser- und Zündeinstellung erfolgen, und die Maschine wird auf den Rollenprüfstand gefahren.

Hier scheint der aktivste Teil des ganzen Werks zu sein. Der verfügbare Platz ist sehr knapp, und die glänzenden neuen Maschinen kontrastieren eindrucksvoll mit dem ziemlich schäbigen Interieur der alten Fabrik. Die Luft ist erfüllt vom typischen Geräusch der Zweizylindermotoren, die die Testfahrer starten, um mit den Maschinen auf den Rollenprüfstand und wieder herunterzufahren. Vor dem Gebäude steht fast immer ein Dutzend oder mehr Maschinen mit laufenden Motoren, die noch längeren Tests unterzogen werden. Auf einer Seite befindet sich der Spezialprüfstand zur Abgasmessung, die die für die USA bestimmten Maschinen durchlaufen müssen. Durch die Glasfenster des Rollenprüfstands kann man die Fahrer beobachten, wie sie eine Maschine nach der anderen dem Testprogramm unterziehen. Motorgeschwindigkeit, Beschleunigung, Gangwechsel, Bremsen, Lenkung, Federung und Beleuchtung werden überprüft, wobei dem versierten Tester kein Geräusch und keine eventuelle Unregelmäßigkeit entgeht. Nach abgelaufener Zeit öffnen sich die Schwingtüren, die Prüfstandrollen stoppen, und der Testfahrer bringt die Maschine zur Schlußkontrolle, wo etwa aufgetretene Fehler beseitigt werden. Tatsächlich sind derartige Nachreparaturen jedoch die Ausnahme, da der hohe Qualitätsstandard von Teilen und Fertigung sowie die ständige Kontrolle bei der Herstellung für Präzision bürgen. Fein abgestimmte Toleranzen und sorgfältige Auswuchtung der Triebwerksteile sorgen dafür, daß ein BMW-Triebwerk vom ersten Anlassen an sauber und fehlerlos läuft.

Ganz zum Schluß erst erhält die Maschine mit dem glänzenden neuen Tank, der gegen den alten „Dummy" ausgetauscht wird, das letzte Finish. Die Maschine kommt dann in die Verpackungsabteilung, wo sie mit einer Antikorronsflüssigkeit besprüht und die Vordergabel mit Plastikfolie abgedeckt wird. Der Schlußakt ist dann die Befestigung im Holzbehälter, dessen Verpackung in schwerer Kunststoffolie und die Anbringung der Bestimmungsorts-Angabe. 30 solcher Holzbehälter passen in einer der Lkw-Container, von denen wiederum drei von vier nach Hamburg gehen, zur Verschiffung nach Übersee. Zur Zeit meines Besuchs in Berlin standen auf der Laderampe für den Abtransport gerade Kisten mit RT-Maschinen für Italien, G/S-Maschinen für Österreich, R45-Maschinen für Dänemark, mehrere CS für England und Polizeimaschinen für Mexico bereit. „Made in Berlin", um in der ganzen Welt gefahren zu werden!

Die Produktionsmethoden in Spandau sind sehr arbeitsintensiv, im Vergleich zur modernsten Automobilproduktion sogar ziemlich antiquiert. Mein Besuch in Spandau 1981 erinnerte mich in vielem an die BSA-Fabrik in Small Heath, wie ich sie ein Jahrzehnt zuvor erlebte. Mit hochwertigem Rohmaterial und viel traditionellem Know-how produziert man bei BMW auf eine ruhige — man könnte fast sagen — „gemächliche" Art. Kaum ein Teil eines BMW-Motorrads entsteht im Grenzbereich moderner „Super"-Technologien, handwerkliches Können und Erfahrung stehen ganz im Vordergrund.

Völlig andere Dimensionen werden dagegen in der neu installierten Fertigung herrschen, die die modernsten Produktionsanlagen beherbergen wird, die derzeit zu haben sind und die dann keinen Vergleich mehr mit der Münchner Autofertigung zu scheuen brauchen. Im Moment jedoch limitiert die veraltete Fabrik noch immer die Steigerung der Produktion.

Gegen die Statistik japanischen Motorradindustrie nimmt sich die von BMW sowieso kümmerlich aus: 1980 bauten die Japaner fast 6,5 Millionen Zweiräder, wovon etwas über die Hälfte exportiert wurde. Im Vergleich dazu entstanden in Deutschland weniger als 300 000 Einheiten, wovon knapp ein Zehntel Maschinen über 50 cm^3 Hubraum waren. BMW als Deutschlands einziger Hersteller schwerer Motorräder produzierte 29 260 Maschinen, erzielte damit aber immerhin einen Gesamtumsatz von 185 Millionen DM.

Seit die Motorrad-Produktion nach Spandau verlegt wurde, entstanden in dem relativ kleinen Werk über 300 000 Motorräder. Während der Periode von 1970 bis 1980 verdoppelte sich die Produktion, und die Palette beinhaltete 13 verschiedene Modelle.

Eine RS wird für den Export verpackt

Motorrad-Produktion 1970—1980

Type R50	7 466 Stück
R60	46 747
R75	61 676
R90	21 105
R90S	17 464
R100/7/T	18 826
R100S	12 393
R100RS	21 557
· R80/7	14 038
R100RT	10 080
R45	17 488
R65	14 254
R80G/S	1 666
insgesamt	264 760 Stück

Ein Vergleich der Verkäufe in zwei verschiedenen Ländern zeigt, wie unter anderen Voraussetzungen sich die Modell-Mischung ändert. Die Zahlen für Deutschland sind die des Jahrs 1980, die für England sind die Absatz-Ziele für 1981.

Gewünschte Modelle

	R45	R65	R80 GS	R100	R100 CS	R100 RT	R100 RS
Deutschland	42 %	18 %	9 %	6 %	8 %	8 %	9 %
England	5 %	20 %	9 %	18 %	7 %	19 %	22 %

Ganz ähnlich zeigen die Prozentzahlen im Export, welches Modell in England am beliebtesten ist.

Exportzahlen nach Modellen

R45	R65	R80G/S	R100	R100CS	R100RT	R100RS
18 %	71 %	65 %	86 %	51 %	80 %	73 %

1980 nahm die BMW Motorrad-GmbH 185 Millionen DM aus dem Verkauf von Motorräder ein, 74 Millionen von Ersatzteilen und 6 Millionen von Zubehör. Diese 265 Millionen DM repräsentieren weniger als vier Prozent des gesamten Umsatzes von BMW. Daraus wird überdeutlich, daß bei BMW das Automobilgeschäft die Prioritäten setzt.

Die Expansion der Motorrad-Produktion stellt BMW vor ein Problem: Es gilt dann, dem Käufer zu beweisen, daß größere Stückzahlen keineswegs auf Kosten der exclusiven handwerklichen Qualität gehen müssen. In der Tat gibt es bereits Käufer, die sich darüber beklagen, daß das Qualitäts-Image überbezahlt sei und die Maschinen in der Realität nicht mehr das wie früher seien. Sie befürchten, daß eine Expansion nur zu weiteren Qualitätsabstrichen und Kompromissen führt. Die Traditionalisten neigen sowieso dazu, die Hochglanz-Werbung bei BMW als Schönfärberei abzutun, und ebenso sehen sie die Modifikationen an den Maschinen als reine „Kosmetik" und nicht als technische Verbesserung an. Jedes neue Modell unterziehen sie einer genauen Betrachtung, um herauszufinden, wo im Vergleich zum Vorgängermodell wieder Einsparungen vorgenommen wurden. Am meisten bemängelt wird die Verchromung und die Lakkierung. Doch sind Vergleiche solcher Art grundsätzlich schwierig, denn neue Entwicklungen bringen immer neue Materialien und andere Herstellungspraktiken mit sich. Viele der Chromteile der BMW sind heute aus rostfreiem Stahl oder aus schlag- und korrosionsfestem Kunststoff.

Die R 69 S halten viele für den Inbegriff aristokratischer Motorrad-Schönheit

Modell R 100 RS. Beschleunigung von 0 auf 100 km/h in 4,2 sec., Spitzengeschwindigkeit 200 km/h

Und daß es so schlecht um Chrom- und Lackteile der BMW nicht bestellt sein kann, beweist das Typgutachten des TÜV; der Technische Überwachungs-Verein hat bekanntlich speziell ein Augen auf die Verschleißteile der Fahrzeuge und ließe rostanfällige Teile nicht durchgehen. Nun mögen wiederum manche aus Prinzip gegen Kunststoff am Motorrad sein, seine Nützlichkeit steht jedoch zweifelsfrei fest.

Einige der Kritiken können durch Styling-Gegebenheiten erklärt werden, die nichts mit einer Qualitätsminderung zu tun haben. So resultiert die Härte der Sitzbank der RT aus der Notwendigkeit, Platz für die wunderschöne hintere Verkleidung finden zu müssen. Die Designer von heute bevorzugen die ästhetisch wirkungsvolleren kurzen Schutzbleche, die meisten Fahrer allerdings hätten lieber die tief heruntergezogenen, mit denen normalerweise nur noch die Behördenfahrzeuge ausgerüstet werden.

In einigen Fällen basieren die Vorbehalte gegen eine Modifikation auf der traditionellen Erfahrung, und erst der technische Beweis vermag schließlich die Vorteile einer Änderung zu demonstrieren. So stießen die neuen Zylinder mit galvanisch aufgebrachter Kolbenlaufbahn („Linerless"), die die Lebensdauer des Motors erhöhen soll, auf ziemliche Zurückhaltung, obwohl sie die Wärmeableitung verbessern und den Ölverbrauch senken. Daß nun die Möglichkeit nicht mehr besteht, die Zylinder nachzuschleifen, dürfte als geringerer Nachteil verstanden werden, haben doch die Galnikal-beschichteten Zylinder inzwischen bewiesen, daß sie in punkto Lebensdauer sowohl Fahrer wie Maschine überdauern können. Aufgrund ihrer Festigkeit sah sich BMW sogar veranlaßt, die Einfahrzeit für die Motoren mit Galnikal-Beschichtung zu verlängern, da sie viel härter als die alten Gußzylinderbuchsen sind. Dabei ist diese Technik weder neu noch unbekannt. Seit Jahren verwendet man sie mit Erfolg und ohne echte Beanstandungen im internationalen Motorenbau.

Ein weiterer Punkt, der zu Kontroversen Anlaß gibt, ist die Blaufärbung der Auspuffkrümmer. Diese Verfärbung tritt bereits auf den ersten paar Kilometern auf, die die Maschine zurücklegt. Es gibt Leute, die behaupten, man könne die Oxydation der Auspuffrohre vermeiden, wenn man anfangs nur außerordentlich vorsichtig zu Werke ginge, doch nützt das bei der Konzeption der Auspuffanlage fast nichts. Leistungs- und Verbrauchsansprüche sowie die Geräusch-Vorschriften machen es erforderlich, den Querschnitt der Auspuffrohre so gering wie möglich zu machen. Die Boxerbauweise erfordert zudem eine scharfe Krümmung der Rohre dort, wo der

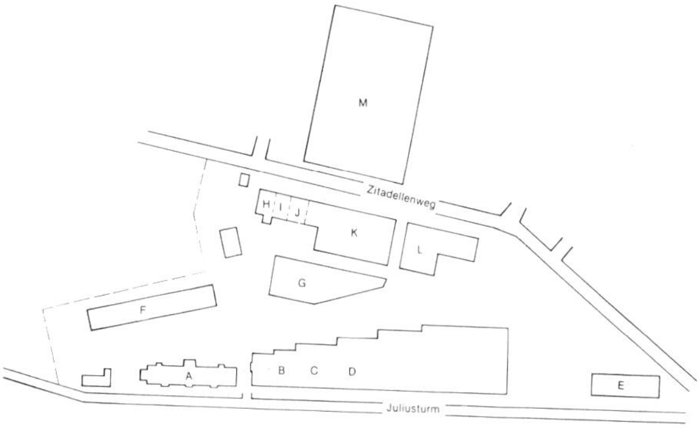

A Verwaltung
B Härterei, Dreherei, Fräserei
C Motorenfertigung
D Kurbelwellen-Bearbeitung
E Federbeinherstellung
F Galvanisierung, Verkleidungslackiererei
G Teile-Lager
H Endkontrolle, Rollenprüfstand
I Motorrad-Montagebänder
J Lackiererei von Rahmen und Tanks auf drei Etagen
K Verpackung
L Kantine
M Gelände für Neubauten

BMW-Motorrad GmbH, Berlin

Auspuff aus dem Zylinder tritt, und das wiederum ist die Stelle, wo die größte Wärme auftritt. Die Verwendung von doppelwandigen Auspuffrohren — wie sie die Japaner praktizieren — würde zwar die Verfärbung verhindern, aber auch die Wärmeabfuhr aus dem Motor beeinträchtigen und damit die Einhaltung der optimalen Betriebstemperatur des Boxers gefährden. Nicht alle BMW-Besitzer empfinden übrigens die Blaufärbung des Auspuffs als unschön, viele sind sogar stolz darauf, sehen sie darin doch einen Beweis dafür, wie schnell sie fahren! Einigc Modelle werden neuerdings mit mattschwarzem Auspuff bestückt, bei ihnen ist natürlich das Verfärbe-Problem gar nicht mehr existent.

Manchmal gibt es Kritik auch über den Serienstandard, weil mancher Fahrer spezielle Einsatz-Wünsche hat. Seitenwagenliebhaber müssen beispielsweise seit 1969 auf eine BMW verzichten, da seit 1969 die BMW-Rahmen nicht mehr für Seitenwagenbetrieb konzipiert sind. Die heutigen Fahrwerke sind zu leicht, der Federweg der Vordergabel zu lang und der Lenkwinkel zu positiv, um noch mit Beiwagen fahren zu können. Pendler, die darauf angewiesen sind, mit dem Motorrad zur Arbeit zu fahren, ärgern sich oft, daß ihre Maschinen durch das Streusalz eher und schneller rosten als jene, die nur bei schönem Wetter die Straßen bevölkern. Auch die Tatsache, eine zwar limitierte, dafür aber urteilsfähige und scharfsinnige Käuferschicht zu haben, kostet BMW seinen Preis. BMW-Besitzer nämlich vermögen sich meist gut zu artikulieren und ihre Bereitschaft, zu akzeptieren, daß jedes mechanische Gerät auch einmal fehlerhaft arbeiten kann, hört dann auf, wenn es sich um ein neues, teures Motorrad handelt. Wenn einer glaubt, das Beste zu kaufen, dann verlangt die menschliche Natur nichts anderes als das Beste. Mängel, die auf schlechte Fahrweise oder Nachlässigkeit beim Einhalten der Service-Intervalle zurückzuführen sind, werden dabei nicht selten auf schlechte Herstellungsmethoden (eine „Montags-Maschine"!) oder sinkende Qualitätsmaßstäbe geschoben. Auch die Tatsache, daß der Kundendienst von BMW — bekanntlich einer der großzügigsten der Branche — bei der Abwicklung von Garantiefällen niemals kleinlich ist, führt dazu, daß in der Statistik nicht selten Reklamationen auftauchen, die in Wirklichkeit nur in der Einbildung des BMW-Besitzers vorhanden waren, nun aber der angeblich nachlassenden Qualität angelastet werden.

Die R69S von 1969 und die R100RS von 1976 stellen einen interessanten Kontrast zwischen alt und neu dar. Jeder Leser mag eine andere Auffassung haben, doch werden wohl die meisten BMW-Besitzer zugeben, daß die modernen Maschinen die besseren Fahreigenschaften besitzen. Selbst BMW dürfte davon überzeugt sein, unterstreicht man damit noch die Tradition des Hauses, durch weitere Entwicklung und Verbesserungen das Produkt zu kultivieren.

Den Trendsettern geht ja immer alles zu langsam, und so beschuldigt man BMW gern, bei notwendigen Änderungen zu altmodisch und konservativ zu reagieren. Es werden neue Modelle gefordert, mit alternativen Triebwerken, Antidive-Federung, Benzineinspritzung und was dergleichen „Innovationen" der achtziger Jahre noch mehr sind. Einige ärgerliche Kritiker beschuldigen BMW gar der Arroganz, weil das Werk ihrer Meinung nach ihre Kritik an Getriebe, Simmerringdefekten, fehlerhaften Elektroanlagen, raschem Reifenverschleiß und einem zu schwachen Mittelständer nicht ernst genug nähme. Die BMW-Tradition, Wechsel und Änderungen langsam und Schritt für Schritt vorzunehmen, sieht man als Beweis dafür an, daß BMW zu schwerfällig am Althergebrachten hängt und so selbstzufrieden ist, daß man nie zweifelt, ob man denn noch das richtige Konzept habe. Zu Recht kann BMW hier dagegenhalten, daß man über einen Zeitraum von mehr als 60 Jahren der Motorradentwicklung immer wieder neue Impulse gegeben hat.

Styling-Experimente wie die Futuro-Studie und die Entwicklungsarbeit an BMWs neuem Projekt K100 zeigen, daß auch die Tradition für BMW keine festgeschriebene Doktrin ist. Trotz allem sollte man nicht vergessen, daß BMW nur eine „kleinkalibrige" Motorrad-Abteilung betreibt. Bei derartig niedrigen Produktionszahlen ist es kaum möglich, ständig neue, extravagante Modelle herauszubringen, die riesige Investitionen erfordern und enorme Ersatzteil-Probleme bringen würden. Selbst die Japaner mit ihren ungleich anderen Voraussetzungen geraten mit ihrer diesbezüglichen Politik mehr und mehr in Schwierigkeiten. Außerdem ist es ja gerade ein Vorteil für BMW-Käufer, zu wissen, ein sicheres, handliches, komfortables und bequemes Fahrzeug zu besitzen, das nicht in ein paar Monaten schon „veraltet" ist und durch ein neues Modell ersetzt wird.

BMW International

Für viele Ausländer ist BMW so deutsch wie Sauerkraut und Würstchen. Für die meisten jedoch ist der Name BMW identisch mit den traditionellen Wertbegriffen für deutsche Qualitätsarbeit und Tüchtigkeit. Daß BMW im Süden Deutschlands beheimatet ist, in Bayern, berühmt für seine landschaftliche Schönheit, das verleiht dem Bild noch einen zusätzlichen Anreiz. Die Produkte aus dem schönen München werden allgemein als besonders bewunderungswürdig, aber auch als wünschenswert angesehen. Zwar nötigen sie auch Respekt ab, aber die Komponenten Bewunderung und Beliebtheit sind immer dabei. Wegen der Qualität seiner Produkte ist BMW heute in über 130 Ländern vertreten.

Wo immer die Einfuhrbestimmungen es zulassen, kann der Interessent sich ein BMW-Motorrad zulegen. Obgleich es noch immer zutrifft, daß BMW-Maschinen auf den Straßen der Welt eher rar anzutreffen sind, sind es doch knapp eine halbe Million BMW-Zweiräder, die gegenwärtig laufen; bei den BMW-Autos beträgt die Zahl etwa zwei Millionen. Um den BMW-Besitzern den Kundendienst zu gewährleisten, den sie erwarten, zog BMW weltweit ein Händlernetz auf, das mittlerweile über 5 000 Stützpunkte umfaßt. Über 43 000 Beschäftigte gehören diesem internationalen Service an. Am engsten ist das Händlernetz in Europa, wo BMW in 18 Ländern vertreten ist, an die 1 100 Motorradhändler und etwa dreimal so viel reine Automobilhändler hat.

Bis Ende der sechziger Jahre wickelte BMW seine Auslandsgeschäfte ausschließlich über offizielle Konzessionäre und Agenturen ab. Das hieß, daß das Image der BMW-Produkte von dem des Importeurs beeinflußt werden konnte. Ein solches Arrangement kann nur Erfolg haben, wenn zwischen Importeur und Werk Einverständnis über Politik und Prioritäten der Geschäftsabläufe herrscht. Der Importeur mag zwar den einheimischen Markt und seine Besonderheiten besser kennen, doch ist seine Verbindung zum Werk immer begrenzt. Besonders in schwierigen Zeiten wird die Kommunika-

BMW-Niederlassung in Madrid in der Avenida Pio XII

BMW-Niederlassungen in Österreich (oben), Großbritannien (Mitte) und Frankreich

tion zwischen beiden Seiten oft problematisch, Einverständnis unmöglich. In der Zeit des Wiederaufbaus nach dem Krieg litt BMWs Imagebildung im Ausland ganz sicher darunter, daß manche Importeure nicht genügend Vertrauen zu den Produkten des Werks und seine Marketing-Strategie besaßen. In England zum Beispiel ging während der sechziger Jahre die BMW-Vertretung durch fünf verschiedene Hände, ehe das Werk die richtige Vertrauensbasis zwischen sich und dem Konzessionär schaffen konnte.

BMW erzielte den Durchbruch während des großen Motorradbooms der siebziger Jahre, der mit einer enormen Steigerung des Bedarfs an Autos einherging, um sich in vielen Auslandsmärkten festzusetzen. Während dieser Zeit übernahm BMW nach und nach seine Vertretungen im Ausland in Eigenregie und wandelte sie in Niederlassungen um. Das bedeutete in allen Fällen riesige Investitionen, aber auch beträchtliche Personalumschichtungen im Management. Heute besitzt jedes dieser Tochterunternehmen einen gewissen Grad von Eigenständigkeit und die Flexibilität, um auf die Marktgegebenheiten schnell reagieren zu können, doch ist die Hand Münchens und die Notwendigkeit, dem Werk als einem Ganzen verpflichtet zu sein, überall in der Welt spürbar. Die Organisation, die für eine solche Kontrolle nötig ist, ist heute ungleich leichter zu handhaben als früher, nachdem Kommunikationssysteme den Globus scheinbar kleiner werden ließen und jede Ecke des BMW-Herrschaftsbereiches über Telex- und Computer-Verbindungen jederzeit erreichbar machen. Man ist heute weit entfernt von jener Zeit, in der ein Händler eine Bestellung entgegen nahm, sie dem Importeur übermittelte und dann geduldig darauf wartete, bis die Maschine endlich bei ihm eintraf — womöglich direkt aus dem entfernten Deutschland.

Wie sich BMWs weltweite Reputation entwickelte, wurde schon erzählt. Es waren Flugmotoren, die BMW internationales Ansehen verschafften. Diese Triebwerke spielten in der Anfangsgeschichte der Luftfahrt eine bedeutende Rolle, und die Pionierleistungen von BMW brachten der Marke nicht nur Ruhm und Ehre, sondern die überaus wichtigen Handelsverbindungen mit ausländischen Fluggesellschaften. Die Ju 52 zum Beispiel wurde mit ihren BMW-Motoren von 30 Linien geflogen. Natürlich führten diese internationalen Verbindungen auch zur Zusammenarbeit auf dem Gebiet der Entwicklungen, so etwa zwischen BMW und der amerikanischen Gesellschaft Pratt & Witney, die ebenfalls Flugmotoren baute. Ein unerwartetes Ergebnis dieses Austausch-Arrangements war ein Motorrad-Prototyp mit 350 cm^3, dessen Zylinderkopf genau dem des Pratt & Witney Hornet-Flugmotors entsprach. Karl Popp, der frühere Generaldirektor von BMW, erwähnte diese transatlantischen Kontakte bei den Verhören, deren er sich nach Kriegsende durch die Amerikaner unterziehen mußte.

BMWs Sporterfolge auf zwei und auf vier Rädern stimulierten den Export zwar, doch in Ländern mit einheimischer Motorradproduktion blieb die BMW vor dem Zweiten Weltkrieg stets eine ungewöhnliche Rarität. Es sollte bis in die Gegenwart dauern, daß BMW sich auch international zu einem der „Superstars" unter den Motorrad-Produzenten entwickeln konnte.

Über die Strategie auf dem Motorrad-Weltmarkt entscheiden bei BMW die Manager in München. Die Verbindung zur nahen Mutterfirma ist eng, um Unterstützung und notfalls Hilfestellung bei der Schaffung der richtigen Modellreihe zur richtigen Zeit zu gewährleisten. Jede Auslandsniederlassung versorgt die Motorad-GmbH in München jeweils mit den neuesten Daten und Marktforschungsergebnissen, damit die Entwicklung und die Produktion in Berlin mit den Erfordernissen des Weltmarkts übereinstimmen. In fast allen Ländern ist die Nachfrage nach dem Motorrad im Frühsommer am stärksten, abgesehen von Ländern wie Australien, Südafrika und Südamerika, wo die Jahreszeiten gerade anders herum liegen als in Europa. In einigen Teilen der Welt, wie dem amerikanischen Westen, sorgt das gleichbleibend milde Klima auch für eine gleichbleibende Nachfrage. Zwei Drittel aller BMW-Motorrad-Verkäufe werden im Ausland getätigt; der gesamte Übersee-Export wird im Hamburger Hafen verschifft.

Die Motorrad-GmbH koordiniert auch die Ersatzteilversorgung, die direkt vom computergesteuerten Zentral-Lager in Dingolfing zum Versand kommt. Der riesige Komplex in Dingolfing stellt den Mittelpunkt der weltweiten Ersatzteilversorgung von BMW dar, der auf drei Ebenen aufgeteilt ist.

Um lange Wartezeiten zu verhindern, hat jeder BMW-Stützpunkt die gängigsten Ersatzteile vorrätig. Gebiets-Stützpunkte, große Händler und der Importeur haben sämtliche Teile und alles Zubehör ständig auf Lager, auch Teile bereits ausgelaufener Modelle. BMW kann so jedem Kunden überall in der Welt prompten Teile-Service garantieren. Der Nachschub oder der Wunsch nach einem wirklich ausgefallenen Teil oder Zubehör laufen über München nach Dingolfing. 700 Leute arbeiten im ultramodernen, vielstöckigen Dingolfinger BMW-Zentralersatzteillager, wo ständig 45 000 verschiedene Artikel auf Abruf bereitliegen, ein Fünftel davon Motorradteile. Ungefähr drei Millionen Artikel durchlaufen jährlich die automatischen Sortier-, Zähl-, Wiege- und Verpackungsmaschinen. Ein 1980 installiertes ferngesteuertes Transportsystem bewegt über im Boden eingelassene Kabel vollautomatisch die Paletten mit den Teilen durch den Lagerkomplex, wo Teile des Gebäudes so hoch gebaut wurden, daß die Paletten bis zu Höhen von 30 Metern übereinander gestapelt werden können.

Computer mit Verbindung nach München steuern alle Bewegungen in diesem Hochhaus-Gebäudeteil und schikken die Teile jeweils zu dem Stauraum, der gerade frei ist. Dieser hohe Grad an elektronisch gesteuertem Ablauf bedeutet, daß eine Order im Durchschnitt nicht länger als 24 Stunden zur Erledigung braucht. Der Versand erfolgt normalerweise über Straße und Bahn, in Ausnahmefällen auch mit Luftfracht. Für jedes Modell der letzten zehn Jahre hat BMW noch alle Teile vorrätig, in einigen Fällen sogar für solche noch älterer Baujahre.

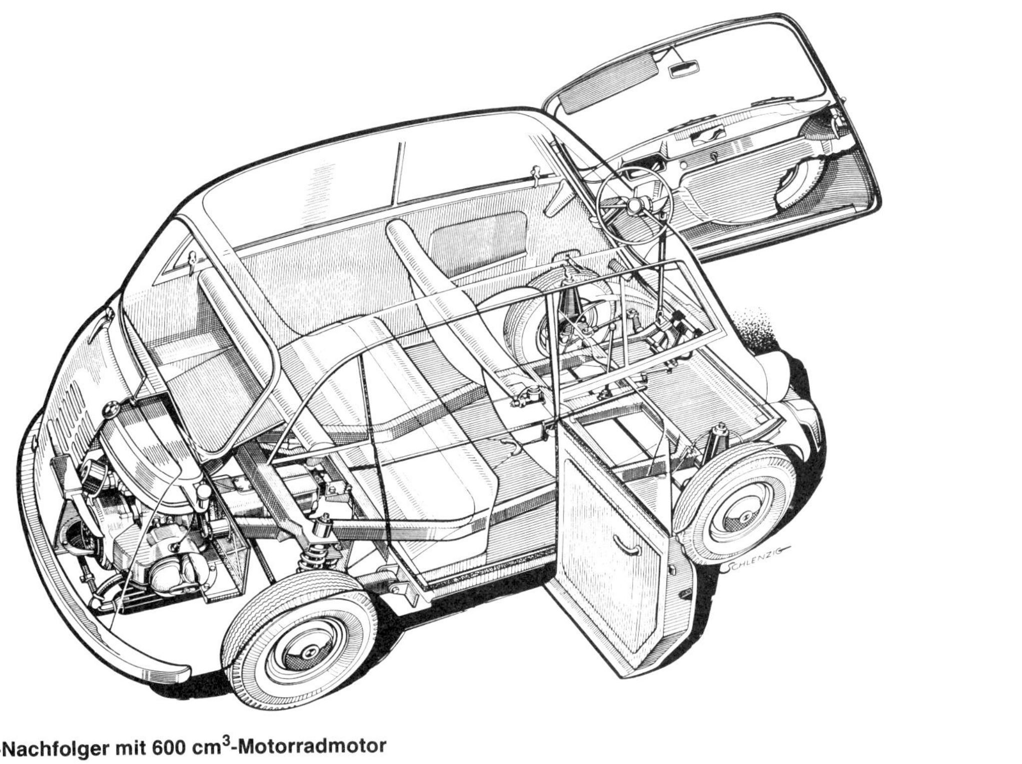

BMW-Isetta-Nachfolger mit 600 cm^3-Motorradmotor

Die Motorrad-GmbH verläßt sich beim Erstellen von tiefschürfenden Markt-Analysen ganz auf die Forschungen und Ermittlungen der jeweiligen Länder-Importeure. Diese Informationen über die neuesten Trends ermöglichen es dem Münchner Management, auf die Variationen der unterschiedlichen Weltmärkte einzugehen und realistische Verkaufsziele auszuarbeiten sowie dem Berliner Werk akkurate Instruktionen über die Modell-Mischung zu geben. Auch die Werbung gehört in den Zuständigkeitsbereich der Motorrad-GmbH sowie die Promotion-Aktivitäten in den importierenden Ländern. Die Aufschlüsselungen der Garantie-Fälle eines jeden Importeurs helfen bei der Auffindung eventueller Schwachstellen oder Reparaturanfälligkeiten und sichern die prompte Abstellung solcher Mängel.

Obgleich BMW neue Modelle keineswegs in solch kraß-schneller Folge wie die vier großen Japaner herausbringt, beschleunigte sich nach Auffassung des Hauses der Wechsel in den letzten Jahren beträchtlich.

Die Entwicklung neuer Produkte ist Aufgabe der BMW-Forschungs- und Entwicklungsabteilung. Für das Styling der nächsten Generation der BMW-Motorräder ging man in den letzten Jahren außer Haus und ließ sich von unabhängigen Designern neue Vorschläge machen. Die Anlagen und der Windkanal der BMW-Teststrecke in Aschheim ermöglichen das Testen der verschiedensten Varianten einer neuen Fahrwerks-Geometrie sowie eines Motorenkonzepts, ehe das Versuchsstadium den Bau eines Prototyps erforderlich macht. Der neueste Trend zu Turboladern führte bei BMW zwar zur Besinnung auf frühere Erfahrungen, nicht aber zur Wiederaufnahme einer solchen Konstruktion. Trotzdem war auf der Motorradausstellung in Barcelona 1981 eine R100RS Turbo zu sehen, die allerdings bei der Turbomecanica SA in Madrid entstand. Als charakteristisch für BMWs Entwicklungsarbeit gilt dagegen die R80G/S, die 1980 vorgestellt wurde. Diese Maschine stellt einen Kompromiß zwischen einer Gelände- und einer Straßenmaschine dar und war als ausgefallenes Freizeitgerät gedacht. Inzwischen wurde aus der G/S eine Weiterentwicklung geschaffen, die wiederum nur für die Straße konzipiert ist, aber alle Fahrwerksvorzüge des Vorgängers besitzt.

Die Entwicklungsarbeit bei BMW schließt Motorrad-Zubehör und auch Bekleidung mit ein, wofür ein beachtlicher Markt vorhanden ist. Überlegungen der Ideen-Werkstatt resultierten in interessanten Extras für solche BMW-Fahrer, die ihr eigenes Erscheinungsbild im BMW-Stil gekleidet sehen wollen. Ein Beispiel dafür ist der BMW-Helm mit dem neuartigen Kinnschutz, der es möglich macht, aus dem Integralhelm im Handumdrehen einen offenen Moto Cross-Helm zu machen. Dieser Helm wurde ausgiebigen Tests im Windkanal unterzogen, um seine Windschlüpfrigkeit und Stabilität zu prüfen; zu seinen Besonderheiten gehört der Druck-Schnellverschluß und der spezielle Nackenschutz. Die Tatsache, daß der Helm nicht universell bei jedem Händler zu haben ist, illustriert die Probleme, die entstehen, wenn für einen Weltmarkt entwickelt und produziert wird. In vielen Ländern nämlich ist es notwendig, ein neues Produkt zeit- und kostenraubenden Typ-Prüfungen zu unterziehen, ehe es auf den Markt gebracht werden darf.

Im Ausland gibt es 1 800 offizielle BMW-Motorradhändler; ihre Schaufenster und Ausstellungsräume sowie die verschiedenen nationalen Messen geben dem potentiellen Käufer die gewünschten Anreize. BMW achtet peinlich darauf, daß bei jeder Ausstellung und in den Verkaufsräumen der Händler eine einheitliche Identität mit dem Werk deutlich sichtbar zur Schau gestellt wird. BMW will den Kunden davon überzeugen, daß er überall in der Welt gleich gut bedient wird und immer denselben Service vorfindet, sei es in Traunstein oder in Toronto. Die Auffassung von BMW, Firmenprodukte nur von authorisierten Händlern verkaufen zu lassen, erleichtert es, eine gewisse Standardisierung vorzuschreiben. Obwohl es noch immer einige einzigartige individuelle Händler gibt, die ihr Angebot so präsentieren, wie sie es für richtig halten, geht doch der Trend zum eleganten, großzügig eingerichteten Verkaufsraum, in dem nicht nur das komplette BMW-Motorrad-Angebot ausgestellt ist, sondern auch Zubehör und Bekleidung. Das ganze Interieur soll in den BMW-Farben gehalten sein und Exclusivität auch nach außen hin dokumentieren.

Bei regelmäßigen Meetings in München, bei denen alle wichtigen Auslands-Mitarbeiter zum Gedankenaustausch, zur Berichterstattung und Information zusammenkommen, werden neue Instruktionen und Programme ausgearbeitet. Ratschläge „vor Ort" geben dagegen Mitarbeiter aus München, die die ausländischen Niederlassungen besuchen und speziell auf das Land abgestimmte Neuheiten präsentieren.

Eine Betrachtung der Motorrad-Weltverkaufszahlen der Münchner zeigt klar, daß die USA noch immer der Nummer-Eins-Abnehmer auf den ausländischen Märkten sind. In Europa ist natürlich Deutschland der wichtigste Hauptabnehmer, gefolgt von Italien, Großbritannien, Frankreich und Spanien, das interessanterweise das letzte der europäischen Länder ist, wo BMW seine Verkäufe über einen Generalimporteur abwickelt. Andere bedeutende Märkte sind Australien, Südafrika, Mexiko und Japan. In einigen Ländern, wie Dänemark und Brasilien, sind die Einfuhrzölle so hoch, daß BMW kaum eine Absatzchance besitzt. Auch die Härte der deutschen Währung ist für BMW kein Vorteil, da das Werk nicht gewillt ist, von seiner Politik abzuweichen, derzufolge BMW nur in Deutschland produziert. Die hohen Löhne und Materialkosten in Deutschland ließen eine Endmontage-Anlage, in Brasilien zum Beispiel, als attraktive Idee erscheinen, doch BMW betrachtet das Markenzeichen „Made in Germany" als eines der Hauptargumente für den Kauf der BMW-Motorräder.

Nordamerika nimmt unter allen Märkten eine Sonderstellung ein: Obwohl die USA cirka 60 Prozent der gesamten Motorradproduktion der freien Welt aufnehmen, wären noch mehr BMWs absetzbar. Zur Zeit gibt es

König Hussein von Jordanien wird bei seinem Staatsbesuch in Marokko von einer BMW-Staffel eskortiert

in Nordamerika weniger als 400 BMW-Händler, kaum mehr als in Deutschland oder Frankreich, die sich alle auf die Ost- bzw. Westküste konzentrieren. Großstädte wie etwa Rochester im Staat New Jersey mit 300 000 Einwohnern haben nicht einen BMW-Händler, was einen Mitarbeiter der *BMW News,* dem Magazin der BMW-Besitzer in Amerika, dazu veranlaßte, BMW-Händler als eine „vom Aussterben bedrohte Spezies“ zu bezeichnen. Vor dem Zweiten Weltkrieg gab es in den USA vereinzelte „Beemers“, doch wurde der einheimische Markt völlig von den Indians und den Harley-Davidsons beherrscht. Kurz vor Kriegsausbruch baute Harley noch schnell eine BMW-Kopie für die US-Armee, doch erwies sich die 750-cm^3-Maschine als wenig erfolgreich; mehr als etwa 1 000 Stück wurden gar nicht hergestellt. Nach dem Krieg führte das Interesse für „Kriegsandenken“ dazu, eine Anzahl R75 und R71-Seitenwagengespanne in die Staaten zu verschiffen, wo sie von Mitgliedern des BMW-Oldtimer-Clubs (Vintage BMW Motor Cycle Owners Club) sorgfältig restauriert und bei passenden Gelegenheiten auch vorgeführt wurden. Das wahrscheinlich ältesten BMW-Motorrad, das in den USA noch gefahren wird, ist eine R42 aus dem Jahr 1927 im Besitz von Bob Beasley.

Offiziell begann der Import von BMW-Motorrädern 1949 durch Victor Hardesty in Whitestone/New York. Die erste Lieferung kam im Mai 1950 an, bestand aus einer R24-Einzylinder- und zwei R52/2-Zweizylindermaschinen, die von Edgewood Cycles in Maryland verkauft wurden. Edgewood weist heute in seiner Werbung darauf hin, der älteste BMW-Händler Amerikas zu sein. Die damals populärsten Motorrad-Importe in USA waren britische BSA und Triumph. Eine zeitlang wickelte der US-Importeur auch die Einfuhr von Adler-Maschinen ab, doch wurde der BMW-Import bald von Alfred Bondy übernommen, dem New Yorker Vertreter für NSU, der unter der Bezeichnung Butler & Smith firmierte. Es war die Firma Butler & Smith, die in den sechziger und siebziger Jahren, also in der Zeit der Renaissance der Superbikes, für BMW die Trommel rührte. Viel Publicity erreichte ihr Renneinsatz; schließlich gelang es Butler & Smith, die USA für BMW als wichtigsten Absatzmarkt zu erschließen. Schwierig wurde die Situation dann in den Siebzigern, als die Japaner mit ihren aggressiven Methoden den US-Markt stürmten (und auch bald beherrschten) und dabei sogar den einheimischen Harley-Davidsons das Wasser abgruben. In USA brach der Markt für BMW-Maschinen zusammen, und den Münchnern wurde klar, daß BMW in den Staaten bald nur noch eine Legende sein würde. Im Sport waren sie den stärkeren Kawasakis, Yamahas und Suzukis unterlegen, und im Tourenbereich schlug sie die Gold-Wing

Die Marusho Magnum-Electra 500

von Honda. Zwar war diese Honda bald als eine Maschine mit sehr schlechten Fahreigenschaften verschrien, die den BMWs „nicht das Wasser reichen" könne, doch das wurde durch ihren Preis und ihre Leistung mehr als wettgemacht. 1975 gründete BMW eine eigene Importgesellschaft für die Einfuhr von Autos, 1980 übernahm „BMW of North America" auch das Motorradgeschäft.

Die weltweite Rezession machte sich inzwischen auch auf dem US-Markt bemerkbar. Bei BMW fielen die Verkaufszahlen um 50 Prozent; sogar die ums Überleben kämpfende Marke Harley-Davidson setzte 15mal soviel Maschinen ab wie BMW.

Während die japanischen Marken die Konkurrenz mit immer tieferen Dumpingpreisen abzuwürgen versuchten, machte sich BMW daran, trotz der Gefahr zu großer Lagerbestände, das Ansehen der Marke wieder zu stärken und den Verkauf in Schwung zu bringen. In der Endphase der Butler & Smith-Konzession war das Händlernetz ziemlich aus den Fugen geraten; es gab undurchsichtige Operationen, meist wurden überhaupt nur noch Reparaturen ausgeführt. Auch ergab sich ein Problem aus der Tatsache, daß teuere BMW-Originalersatzteile unter der Hand verkauft wurden. Inzwischen machen sich erste Anzeichen der Besserung bemerkbar, die auf dem Sofort-Hilfsprogramm von BMW basieren. Im Hauptquartier von „BMW of North America" wurde entschieden, fast 200 unrentabel arbeitende Händler aus dem Netz zu streichen und die Preise für etwa 500 bestellte Teile zu reduzieren. Damit wollte man erreichen, daß BMW-Besitzer wieder in die authorisierten Werkstätten kommen und den Kundendienst dort ausführen lassen.

Konträr zu der Lage in den USA florierte die BMW-Niederlassung in Japan von Anfang an bestens. Im April 1981 übernahm BMW die in Panama registrierte Firma Balcon Motors, die seit 1950 in beschränktem Umfang BMW-Autos und -Motorräder nach Japan importierte.

Die Idee, ausgerechnet in Japan, dem weltgrößten Motorrad-Produzenten, deutsche Motorräder verkaufen zu wollen, mochte auf Anhieb etwas pervers anmuten, doch bedeutet gerade die Exclusivität einer BMW dort ein ungemein anziehendes Kaufargument. Für BMW dürfte die simple Tatsache, „echte" BMWs nach Japan auszuführen, bereits eine Befriedigung darstellen. Nach dem Zweiten Weltkrieg entstanden beim Wiederaufbau der japanischen Wirtschaft über 100 kleine Motorradfabriken. Zwei davon, BIM und DSK, bauten genaue Kopien der BMW R51/3 mit 250 und 500 cm^3 und änderten sie nur insoweit ab, daß sie mit den Münchnern keinen Ärger wegen nicht eingehaltener Schutzrechts-Bestimmungen bekamen. Eine andere Marke, Marusho, stellte BMW-ähnliche Maschinen auf der Basis der R50/2 her, bis sie 1961 einging. 1963 wurde die Firma unter dem Namen Lilac wiedereröffnet und begann mit der Herstellung eines Modells mit der Bezeichnung „Magnum 500". 1966 erschien in den USA eine Anzeige der US Marusho Corporation, die die Magnum 500 als „weltschnellste Maschine mit Boxermotor" anpries. Zwar wurden nur 860 dieser Maschinen gebaut, wovon die meisten nach USA exportiert wurden, doch existiert noch heute ein Marusho/Lilac Owners Club in Amerika. Das 1967er Modell der Magnum Electra besaß Elektrostarter und Teleskopgabel, wodurch sie — zur damaligen Zeit — in technischer Hinsicht der BMW voraus war. Leider vergaßen ihre Erbauer, einen Choke vorzusehen, wodurch sie bei Kälte kaum zu starten war.

Der Entschluß, weltweit zu expandieren, fiel bei BMW zu Beginn der siebziger Jahre. Der Anfang wurde in Südafrika gemacht, wo 1972 die erste firmeneigene Niederlassung entstand, der innerhalb von zehn Jahren weitere Tochterfirmen folgten, auf den elf wichtigsten Weltmärkten: Südafrika (1972), Frankreich (1972), Italien (1973), Belgien (1973), USA (1975/1980), Schweiz (1976), Österreich (1977), Niederlande (1979), Australien (1979), Großbritannien (1980) und Japan (1980). Zwei Drittel der Automobil- und der Motorrad-Produktion gehen heute in den Export, der Großteil davon in die elf wichtigsten Absatzgebiete. BMW unternahm die enormen Investitionen im Ausland vor allem, um den Absatz der Automobile zu stabilisieren, das Motorradgeschäft ließ man dabei als willkommenern Partner nebenher mitlaufen, weil man für seine Zukunft eine ebensolche Behandlung voraussah.

BMWs gegenwärtige Lebenskraft als unabhängiger und profitabler Konzern wird von der Geschäftsleitung als überzeugende Bestätigung für die Richtigkeit der überseeischen Expansion betrachtet. Firmenunabhängige Importeure könnten auch den gegenwärtigen Umfang der Verkäufe oder gar die zukünftig geplanten nicht mehr zuverlässig bewältigen. Was vor wenigen Jahren noch eine rein deutsch-orientierte Firma war, ausgerichtet vornehmlich auf die Belange des heimischen Marktes, hat sich zu einem der Branchenführer auf dem Weltmarkt gewandelt.

Betreuung durch das BMW-Händlernetz

Es kann ein entscheidender Moment sein, wenn ein Zweiradfahrer den Händler aufsucht. Was immer seine ursprüngliche Absicht gewesen ist — auf keinen Fall wird er es sich beim Betreten des Ladens entgehen lassen, die ausgestellten Vorführmodelle eingehend zu betrachten, selbst wenn ein Neukauf derzeit gar nicht zur Debatte steht. Der Händler steht in vorderster Front bei den Verkaufsbemühungen eines Werkes; es ist ungeheuer wichtig, daß er den richtigen Eindruck auf alle potentiellen Kunden macht — auf seine Behandlung des Kunden kommt es an. Der ganze Service, den ein Werk bieten kann, sowie der Verkauf sind letztlich Sache des Händlers.

Wie es bei einem perfekt eingerichteten Händler auszusehen hat, darüber existeren in der Geschäftsleitungs-Etage im „Vierzylinder" in München genaue Vorstellungen: moderne Verkaufsräume großzügigen Zuschnitts, um die komplette Modellreihe präsentieren zu können, gepflegte und elegante Inneneinrichtung mit Sitzgelegenheiten für Verkaufsgespräche, angegliederte Boutique mit Bekleidung und Zubehör, hervorragende Werkstatteinrichtung, ausreichende Parkplätze. Als unschätzbaren Vorteil betrachtet man es bei BMW, wenn der Händ-

Schorsch Meier-Ausstellungsräume

Motor Seidl in Nürnberg

BMW-Vertretung Gus Kuhn

ler selbst Motorrad fährt oder gar früher sportlichen Lorbeer sammelte. Namen wie Schorsch Meier, Sebastian Nachtmann, Reg Pridmore oder Tony Jefferies dürfen dafür als Beweis gelten. Ganz sicher fühlt sich ein Kunde bei einem Händler besonders gut aufgehoben, von dem er weiß, daß er ein „Profi" ist.

Der BMW-Slogan „Aus Freude am Fahren" steht und fällt mit dem Händler; ihm fällt in der Marketing-Funktion die Schlüsselrolle zu. So verwundert es nicht, daß die Ansprüche, die BMW an seine Händler stellt, nicht immer leicht zu erfüllen sind, und daß es deshalb — besonders im Ausland — nicht unbegrenzt viele Händler geben kann. In England zum Beispiel gibt es über 3 000 Motorradhändler, von denen 85 auch BMW vertreten; Exklusiv-Händler gibt es keine. In Japan gibt es 5 000 Motorradhändler, 26 führen BMW. Natürlich flossen die Erfahrungen, die BMW in der Automobilbranche sammelte, in die Motorrad-Verkaufs-Organisation ein, sie veranlaßten das Werk aber auch, dieser Seite des Geschäfts besondere Sorgfalt zu widmen. Nach der Ablösung des US-Importeurs Butler & Smith war BMW zum Beispiel gezwungen, die Zahl der Händler auf 200 zu reduzieren, weil nur sie dem BMW-Standard genügten. Besonderen Wert legt BMW auf die regelmäßige Schulung des Verkaufs- und Werkstatt-Personals, das in Abständen Kurse und Lehrgänge zu durchlaufen hat.

Neue Maschinen erreichen den Händler noch originalverpackt. Nachdem sie betankt und der Rückspiegel montiert wurde, wäre die Maschine fahrbereit. Ehe jedoch der Kunde „sein" Motorrad übernimmt, unterzieht es der Händler noch einer Inspektion und läßt die Zubehörteile anbringen, die der Kunde eventuell gleich mitbestellt hat. Kein BMW-Händler läßt es sich entgegen, bei der Übernahme durch den Käufer dabeizusein: die richtige Gelegenheit, Einfahrtips zu geben, Ratschläge für Pflege und Wartung zu erteilen und den Erst-Käufer einer BMW auf ihre spezielle Fahr-Charakteristik hinzuweisen.

Inspektion vor Auslieferung

Entfernen der Lackschutzschicht;
Prüfung des äußeren Zustands der Maschine;
Überprüfung des Ölstands in Motor, Kraftübertragung und Hinterradantrieb;
Überprüfung des Sitzes der Achsmuttern und Klemmschrauben am Vorder- und Hinterrad;
Überprüfung der Motoraufhängung;
Überprüfen der Schlauchbinder an Teleskopgabel, Vergaser und zwischen Antriebswelle und Transmission;
Festziehen der Schwingenabdeckung, Auspuffbefestigung, hinterer Dämpferbefestigung und der Tankentlüftung;
Überprüfung der Sicherungsbolzen der Antriebswelle am Getriebeflansch;
Überprüfung der Flüssigkeit im Bremsbehälter;
Überprüfung des Ölstands in der Vordergabel;
Entfernen und säubern der Schwimmergehäuse des Vergasers, überprüfen des Schwimmers und der Nadeln;
Einbau der geladenen Batterie, Prüfung sämtlicher Scheinwerfer und Signallampen einschließlich Hupe;

Einstellen der Ventile;
Einstellen der Zündung;
Überprüfen des Sitzes der Ventilfeststellschrauben, Feststellschrauben der Steuerzeiten;
Überprüfung einwandfreier Arbeitsweise von: Kupplung, Gangwechsel, Tacho, Lenkung, Bremsen. Danach Inspektion eventueller Undichten an Motor, Getriebe, Vordergabel und Hinterachsantrieb;
Überprüfung eventueller Undichten an der Benzinleitung;
einstellen des Leerlaufs;
Überprüfung des Bordwerkzeugs, der Erste-Hilfe-Ausrüstung und des Handbuchs.

Nach 1 000 Kilometern ist der erste Kundendienst fällig. Die Werkstatt des Händlers, bei dem die Maschine gekauft wurde, führt diesen Service aus, aber natürlich auch jede andere autorisierte BMW-Werkstatt. Besonders in den USA, wo Langstrecken-Tourenfahren bekanntlich zum Motorrad-Kult dazugehört, werben die Händler gern mit ihrem „Out of Town"-Service. Der erste Kundendienst ist kostenlos, es werden nur die Kosten für Öl, Filter und Dichtungen berechnet.

1 000-km-Kundendienst

Motor: Ölwechsel, Erneuerung der Filter und Dichtringe, Reinigung der Ölwanne;
Hinterradschwingen-Lager schmieren;
Abschmieren der Kupplungs- und Bremshebel;
Überprüfen der Säure der Batterie;
Ölwechsel bei Transmission, Antriebsgehäuse und hinterem Antrieb;
Säubern der Luftfilter;
Überprüfen und nachziehen der Vordergabel-Radlager;
Nachstellen der Kupplung und Bremse;
Reinigung der Vergaser, adjustieren der Benzinleitung und reinigen des Treibstoffilters;
Überprüfung des Zündkerzenabstands und der Zündungseinstellung;
Anziehen der Zylinderkopfbolzen (40 ± 2 Nm), danach einstellen des Ventilspiels;
Nachziehen aller Muttern und Schrauben;
Schlußinspektion und Fahrtest.

Die Bedienungsanleitung schreibt nach dem ersten Service einen Kundendienst alle 7 500 km vor und nach

Die Modelle der /5-Reihe kamen 1969 heraus. Ab dem Baujahr 1972 wurde noch viel mehr Chrom als zuvor verarbeitet. Obgleich die Maschine Elektrostarter besaß, behielt man den Kickstarter bei

jeweils 15 000 km eine große Inspektion. Abgesehen von der Kilometerzahl sollte eine Maschine jährlich zweimal in die Werkstatt zur Überprüfung; in einigen Fällen empfiehlt es sich sowieso, den Service nicht nach den zurückgelegten Kilometern machen zu lassen, sondern nach einer bestimmten Zeitspanne.

Große Inspektion nach 7 500 km bzw. 15 000 km

Motorölwechsel, Erneuerung der Ölfilter und Dichtringe;
Abschmieren der Schwingen-Lager und überprüfen des Spiels;
Abschmieren der Gas-, Kupplungs- und Bremshebel und des Ganghebels;
Prüfen der Batterie, falls erforderlich, Säure nachfüllen;
Überprüfen aller Ölstände;
Ölwechsel bei Transmission, Antriebsgehäuse, Hinterradantrieb und Vordergabel;
Erneuerung des Luftfilters; Säuberung nach 7 500 km;
Überprüfen des Lenkkopfspiels, nachziehen falls erforderlich;
Überprüfen des Spiels der Radlager, nachziehen falls erforderlich;
Kupplung nachstellen;
Nachstellen des Bremswegs, Überprüfung der Beläge, erneuern der Beläge falls erforderlich. Überprüfung des kompletten Bremssystems;
Prüfen und einstellen der Vergaser, Leerlauf auf cirka 950/min einstellen;
Wechsel der Kerzen, überprüfen nach 7 500 km;
Überprüfung der Zündung;
Überprüfen der Zylinderkopfbolzen und des Ventilabstandsspiels;
Nachziehen aller Muttern und Schrauben, Inspektion der Räder;
Schlußinspektion und Fahrprüfung.

Innerhalb der Garantiezeit von 12 Monaten sollten die empfohlenen Serviceintervalle eingehalten und nur BMW-Original-Teile eingebaut werden, um bei eventuellen Reklamationen an das Werk nicht die Garantie zu verlieren.

Kundendienst wird bei BMW ganz groß geschrieben; die Erledigung von Garantiefällen wird großzügig gehandhabt. Besonderen Wert legt BMW auf die Ausbildung des Werkstattpersonals; jeder Mechaniker hat eine zusätzliche Schulung absolviert. Die Stiftung Warentest hat den BMW-Maschinen zwar hervorragende Zuverlässigkeit bescheinigt, doch da Fehler in jedem mechanischen Ding vorkommen können, ist auch BMW nicht ganz dagegen gefeit. Gerade in dieser Beziehung aber will BMW den Kunden nicht enttäuschen und bietet deshalb einen Klasse-Service für ihre „Klassiker".

Die BMW von morgen

Unsicherheit und schnelle Wechsel sind unabänderliche Bestandteile unseres Lebensstils im zwanzigsten Jahrhundert, und es ist heute nicht leicht, zuversichtlich in die Zukunft zu schauen. Trotzdem kann eine Firma wie BMW, die so stolz auf ihre Wurzeln und ihre lange Tradition ist, die Zukunftsaussichten etwas positiver beurteilen. In diesem abschließenden Kapitel sollen mögliche Trends in der künftigen Geschichte der BMW-Motorräder behandelt werden. Dabei sollten keine „Enthüllungen“ erwartet werden, denn in unserer so wettbewerbsintensiven Zeit geben die Werke ihre Geheimnisse niemals vorzeitig preis. Auch wäre ein Buch nicht der geeignete Platz dafür, ist es doch nie so aktuell wie eine Zeitschrift. Überhaupt war dieses Buch von Anfang an als Tribut an eine große Marke gedacht, Mutmaßungen wären hier fehl am Platze. Aber es kann dem Leser, der ja wahrscheinlich bereits ein BMW-Bewunderer sein dürfte, versichert werden, daß die Geschichte des BMW-Motorrads kein absehbares Ende hat. Die Zukunft sieht so positiv aus wie immer, und was Max Friz vor 60 Jahren auf die Räder stellte, präsentiert sich so lebendig wie eh und je. Bewunderer guter Motorräder brauchen keine Bedenken zu haben, daß die BMW-Maschine der Zukunft eine völlige Abkehr von der Tradition wäre oder die Leistung und Zuverlässigkeit der bisherigen BMW vermissen lassen könnte.

Der Markt für Motorräder wächst noch immer, alle Anzeichen aus München beweisen, daß BMW gewillt ist, von diesem Zuwachs zu profitieren. Natürlich wird der Automobilbau die Hauptsparte des Unternehmens bleiben, doch werden die Neubauten und Investitionen in Spandau die Motorradproduktion innerhalb dieses Jahrzehnts verdoppeln lassen. Dabei wird BMW niemals zum Massenhersteller werden und auch nicht versuchen, in den Markt der Hubraumkleinen einzudringen. Auch mit dem gegenwärtig laufenden Investitionsprogramm wird der Ausstoß an BMW-Motorrädern winzig bleiben, verglichen mit den Zahlen der japanischen Hersteller. Die Kosten für die Produktionseinrichtungen für ein neues Modell erfordern massive Verkaufssteigerungen, und die exklusiven Herstellungsmethoden bei BMW machen es unmöglich, wie die Produzenten hubraumkleiner Maschinen rapide Modellwechsel vorzunehmen. Es müßten schon ausgesprochen besondere Umstände eintreten, ehe BMW wieder eine Zweihundertfünfziger herausbrächte. Ein ganz beträchtlicher Teil des guten Rufs der BMW-

Eberhard von Kuenheim, Vorstandsvorsitzender der Bayerischen Motoren Werke AG

Motorräder rührt von der Tatsache her, daß die Maschinen in Deutschland gebaut werden; es erscheint deshalb als ziemlich unwahrscheinlich, daß BMW jemals außerhalb des Landes produziert. Denkbar wäre lediglich eine Endmontage in einem Land wie Brasilien, wo Importeure enorme Einfuhrschwierigkeiten haben, auf der anderen Seite jedoch ein ungeheuer potentieller Markt vorhanden ist. Während des letzten Jahrzehnts wandelte sich BMW zu einer internationalen Firma; es ist anzunehmen, daß BMW fortfährt in seiner Politik, überseeische Konzessionen in Eigenregie aufzubauen, um seine Exporte direkter steuern zu können.

Das Image von BMW ist heute so fest verankert, daß man sicher sein kann, daß die Produktion nie von den Maßstäben tiefgreifender technischer Zuverlässigkeit und Qualität abweichen wird. Innerhalb des Werkes genießt die Forschungs- und Entwicklungsabteilung weitestreichende Unterstützung, denn die Erfahrung hat gezeigt, daß Rückinvestitionen in diese Sparte in der Zukunft stets große Vorteile brachten. 1981 flossen vier Prozent des Einkommens aus dem Verkauf zurück in die Entwicklung. Auf dem Motorradgebiet geht einiges davon unzweifelhaft in die Verbesserung der Leistung und Zuverlässigkeit der orthodoxen Boxermotoren. Obgleich die bayerischen Zweizylinder 1983 ihr 60jähriges Jubiläum feiern konnten und während dieser Zeitspanne ständig modifiziert und verfeinert wurden, sieht man bei BMW gerade auch für dieses Motorendesign nach wie vor eine Zukunft. Im Jubiläumsjahr aber wird BMW auch die neue Generation seiner Motorenentwicklung vorstellen: den Vierzylinder.

Für den Boxer bedeutet die Zukunft Änderungen in der Produktionsmethode, um neue Werkstoffe und bessere Montageabläufe effizienter nutzen zu können. Man wird mehr Leichtmetall-Spritzgußlegierungen verwenden, ebenso mehr farbiges Fiberglas, und bei den Dämpfern werden sich die ausfallsicheren, abgedichteten Anlagen — dem Nivomat ähnlich — durchsetzen.

Es gehört zur BMW-Tradition, Motorräder technisch lieber simpel als übertrieben „modern“ auszulegen; hat sich jedoch etwas als zuverlässig bewährt, so zögert man nicht, das System zu übernehmen. Es dauerte zum Beispiel lange, bis BMW auf elektronische Zündung umstellte, inzwischen aber darf man sie als ausgereift bezeichnen.

Auf dem Automobilsektor gilt BMW mit seinen Mikroprozessoren als führend, es scheint sehr gut möglich, daß diese Erfahrungen in punkto Benzineinspritzung, Funktionsüberprüfungen und Digitalanzeigen auch für

R 65 LS Baujahr 1981

Die Futuro mit und ohne Verkleidung

das Motorrad übernommen werden. Tatsächlich wäre eine solche Entwicklung nur wünschenswert, kann sie doch auch beim Zweirad zu verbessertem Kraftstoffverbrauch, sicheren und nicht blockierenden Bremsen und einer ungleich besseren Fahrerinformation über den Zustand der Maschine, die aktuelle Fahrweise und die notwendigen Serviceintervalle führen.

Durch Gewichtsreduzierung und verbesserte Aerodynamik soll die Fahrleistung der BMW noch gesteigert werden. Die fünfjährige Erfahrung mit der RS-Verkleidung hat bereits gezeigt, wie Fahrverhalten und -leistung durch sorgfältige Erforschung der aerodynamischen Strömungen bereits im Entwicklungsstadium beeinflußt werden können. Die R65LS besitzt einen hervorragend entworfenen Cockpit-Spoiler, der die Neigung des Vorderrads zum Abheben um ein Drittel verringert und damit Entscheidendes zur Stabilität der Maschine beiträgt. An diesem Modell läßt sich auch gut demonstrieren, wie neue Werkstoffe Gewicht einsparen können. Die von BMW in Zusammenarbeit mit Alusuisse entwickelten Leichtmetallräder sind zwei Kilogramm leichter als die des Vorgängermodells, obwohl das Vorderrad eine breitere Felge hat, die bessere Fahreigenschaften bringt. Verwendung von mattschwarzem Chrom an zwei der zuletzt herausgekommenen Modelle bedeutet eine Verbesserung auf einem Gebiet, das einige Zeit Anlaß zu Kritik gab. Ein Durchbruch im Design neuer Schalldämpfer, die sich nicht mehr verfärben und viel leiser wären, würde zudem für den Boxermotor bei den zu erwartenden neuen Lärmbestimmungen des Gesetzgebers sicherlich einen Vorteil bedeuten.

Weitere Entwicklungsarbeit widmet man bei BMW den Reifen und Dämpferelementen. Bei BMW ist man mit schlauchlosen Reifen vorsichtig, obwohl viele andere Hersteller diese schon lange verwenden. Die Japaner schwören auch auf Vordergabeln mit dem Antidive-Effekt, doch BMW sieht die Priorität in dieser Richtung in der weiteren Entwicklung der Monoshock-Hinterradfederung, wie sie zuerst an der G/S verwendet wurde und nun auch beim neuen Vierzylinder-Modell eingesetzt werden soll.

Alles in allem wäre das, was am Boxer noch verfeinert werden könnte, beträchtlich, trotz der gegenwärtig schon erreichten Fast-Perfektion. Offensichtlich besitzt alles, was so lange lebt wie das klassische BMW-Design, eine ebenso aussichtsreiche Zukunft. Im Sommer 1979 erschien eine von BMW in Auftrag gegebene Experimental-Studie unter der Bezeichnung „Futuro". Dieses Zukunftsprojekt wurde nicht von einem Motorrad-Designer entworfen, sondern vom Automobil-Spezialist Rainer Buchmann von b & b-Design in Frankfurt. Die Studie sollte als möglicher Anhaltspunkt für das Boxerkonzept der neunziger Jahre gelten. Bei seinem Entwurf ließ sich das Designer-Team von modernsten Vorstellungen über Technik, Sicherheit und Konstruktion leiten und zog dazu nicht nur die besten Spezialisten heran, sondern auch reine Stylisten.

Die Futuro ist eine vollverkleidete Maschine mit sehr niedriger Frontpartie, die gegenüber den jetzigen Motorrädern einen entscheidend niedrigeren Luftwiderstandsbeiwert hat. Ein vergleichsweise kleines Turbo-Triebwerk mit 800 cm^3 Hubraum leistet 75 PS und macht Spitzengeschwindigkeiten von 210 km/h möglich. Die Verwendung eines Kompressors zusammen mit elektronischer Benzineinspritzung hebt die Leistung an und ermöglicht bei allen Geschwindigkeiten ruhigen Lauf und gleichzeitig einen niedrigen Verbrauch. Ein weiteres Plus der Futuro ist ihr niedriges Gewicht von nur 180 kg, das durch die reichliche Verwendung von Alu-Teilen an Rahmen, Hinterschwinge, Rädern und Bremsen sowie durch die aus Carbon-Fiberglas geformte Verkleidung erreicht wurde. Der verlängerte Radstand und die Verwendung von aus dem Automobilbau bekannten konstruktiven Details reduzierten die für den querliegenden Boxermotor typischen Drehmoment-Reaktionen. Ein Integral-Bremssystem mit gesinterten Bremsbelägen und kombinierter Vorder- und Hinterradbremse sorgt für einwandfreie Verzögerung der Maschine, anstandslos auch auf Nässe. Der futuristischste Aspekt des Entwurfs ist jedoch das vollumschalte Cockpit. Hier geben über Mikroprozessoren gesteuerte Digitalanzeigen Auskunft über Motordrehzahl, Geschwindigkeit, Öltemperatur, Öldruck, Turboladung, Batterieladung, Zeit, Benzinverbrauch, Durchschnittsgeschwindigkeit, seit Fahrtantritt verstrichene Zeit, und sogar die fällige Kontrolle des Ölstands oder auch Ölwechsels wird angezeigt.

Die besonderen Sicherheitsvorkehrungen der Futuro bestehen in der Hauptsache in einer Verbindung von Cockpit, Tank und Knieschutz zu einer Einheit, die bei einem Frontalzusammenstoß bewirkt, daß der Fahrer nach oben über die Maschine hinweg geschleudert wird und nicht auf das Hindernis prallt. Zur Bord-Ausrüstung gehört ein Radiosystem mit Doppelfunktion, das einmal elektronisch Sender oder Verkehrsfunk sucht, aber auch automatisch die Musik abstellt und — über spezielle Synthesizer — wichtige Informationen über die Kondition des Motors übermittelt. Die Verstärkung besorgt eine Kombination von Lautsprechern, die in einer versteiften Kevlar-Kunststoff-Sicherheitszelle untergebracht und mit den Helm-Kopfhörern verbunden sind. Stauräume für das Gepäck befinden sich in der Verkleidung oberhalb des Hinterrads.

Ob allerdings die etwas radikal anmutende Verkleidung mit der daraus resultierenden „eingeschlossenen" Sitzposition tatsächlich akzeptabel ist, müssen Fahrtests erst noch zeigen. Trotzdem besitzt die Futuro viele Entwicklungs-Komponenten, über die in den Ideen-Schmieden der Motorrad-Industrie allenthalben gebrütet wird. Sicherheit, Schutz vor äußeren Einflüssen und die Kosten- und Leistungsvorteile, die die perfekte Aerodynamik bietet, könnten vielleicht eines Tages den Motorradfahrer davon überzeugen, daß ein „Einspur-Wagen" wie die Futuro das Fahrzeug der Zukunft ist.

Die enge Verwandschaft, die die Futuro-Studie noch immer mit dem Frizschen Konzept eines Boxermotors mit Kardanantrieb aufweist, unterstreicht die Zuversicht, die BMW nach wie vor in diese Motorenbauart setzt. BMW nimmt dadurch unter den Zweiradproduzenten eine Sonderstellung ein, weil das Werk seiner ursprünglichen Konstruktionsidee so lange treu blieb. Dieses Beharren auf dem Basis-Konzept trug BMW manche Kritik ein; man warf BMW vor, daß sein Design überaltert sei, sogar, daß es sich totgelaufen habe und daß der Wettbewerb nun eine völlig neue Entwicklung fordere. Diese Ansichten parierte BMW inzwischen mit einem technisch hochmodernen Fahrzeug mit Vierzylindermotor.

Die vier Zylinder sind liegend in Reihe angeordnet, der Motor hat 1 000 cm^3 Hubraum, zwei obenliegende Nokkenwellen, Benzineinspritzung und Kardanantrieb. Flüssigkeitskühlung soll für noch leiseren Lauf sorgen, und als Hinterradfederung wird der Monoshock verwendet, der bei der R80G/S Furore machte. Die Maschine mit dem Codenamen K 100 wird ab Mitte der achtziger Jahre als BMW-Flaggschiff die Straßen befahren, vorgestellt wurde sie im Herbst 1983, und ihr Preis wird in Deutschland wohl um die 13 000 DM liegen, in der Tourenversion um die 16 000 DM. Hochgesteckte Erwartungen in die „Neue" hegen nicht nur die Händler, seit die Konkurrenz aus Japan immer neue Super-Maschinen mit hochgezüchteter Technik auf den deutschen Markt wirft, speziell Turbos, gegen die die traditionellen Stoßstangen-Motoren nicht viel ausrichten können.

Die BMW-Vierzylindermaschine wird aber auch ein Gerücht realisieren, das erstmals 1931 auftauchte, als es hieß, BMW bereite eine Rekordmaschine mit vier Zylindern für Ernst Henne vor; Mitte der sechziger Jahre war dann auch wieder von einem Vierzylinder-Boxerprojekt für die Serie die Rede.

Bei BMW sieht es gegenwärtig so aus, als würde sich die Sparte Motorrad nach dem Vorbild des Automobilgeschäfts einrichten. Falls der Ausbau in Spandau den Austoß wirklich verdoppelt, werden die Verkaufsziffern für Motorräder mit Sicherheit beträchtlich steigen müssen. Daraus aber könnten Probleme mit der „Exklusivität" entstehen: aus „einigen Wenigen" würden dann „Viele". Die letzte Verkaufskampagne von BMW im Ausland war recht erfolgreich; eine Menge neuer Maschinen bevölkerte die Straßen und war bald etwas Alltägliches. Es besteht deshalb tatsächlich die Gefahr, daß der von BMW als Slogan zitierte „Unterschied" bald nicht mehr vorhanden sein wird.

BMW-Besitzer haben sich daran gewöhnt, keine Nullachtfünfzehn-Maschine zu bewegen, aber auch daran, beim Verkauf einen verhältnismäßig hohen Wiederverkaufspreis erzielen zu können, der ihre Maschine für sie zu einer guten Investition macht. Wie aber sieht die Situation für sie aus, wenn es schnelle Modellwechsel, Sonderangebote und Preisnachlässe zum Räumen der Lagerbestände oder einen Imageverlust des Boxers geben sollte?

Die R80G/S und die R65LS waren die Vorreiter auf dem Weg zu einem neuen Aussehen, aber dieser „New Look", das Styling einer neuen Motorradgeneration, verursachte auch ein gewisses Dilemma. Sechzig Jahre ständiger Verfeinerung des Boxerkonzepts machten die BMW zu einer auf den ersten Blick identifizierbaren Maschine — die neuen Modelle aber bedeuten eine radikale Abkehr vom bisher Bekannten. Die Frage der Identität, der Erkennbarkeit, schlug sich bei den BMW-Wagen in der Beibehaltung des nierenförmigen Kühlergrills selbst bei solchen Exoten wie dem M1 nieder.

Bei den Zweirädern wird es nicht so leicht sein, eine BMW auf Anhieb zu erkennen, wenn die Boxer-Bauweise erst einmal passé sein wird. Es ist anzunehmen, daß es zu einer Umwälzung wie damals kommen dürfte, als die /5-Serie herauskam. Die Traditionalisten werden sicher den Boxer-Modellen treu bleiben, an denen nur etwas geändert wird, wenn es nicht zu umgehen ist. Nimmt man die Vergangenheit als Kriterium, so würde das bedeuten, daß es auch im nächsten Jahrhundert noch BMW-Boxermaschinen gibt. Viele der 1950er Modelle laufen heute noch; 30 Jahre und mehr sind für ein Qualitätsprodukt wie eine BMW nichts Außergewöhnliches.

Der andere BMW-Besitzer dagegen will eine technisch auf dem letzten Stand befindliche Maschine, die mit den neuesten Errungenschaften ausgerüstet ist. Er ist stolz

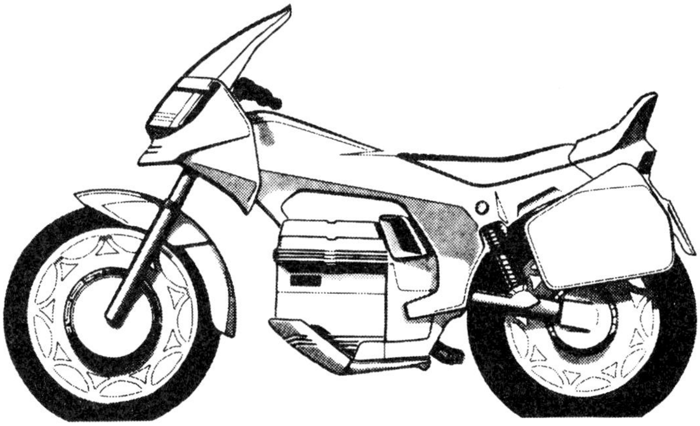

BMW Touring Module

BMW Moduro

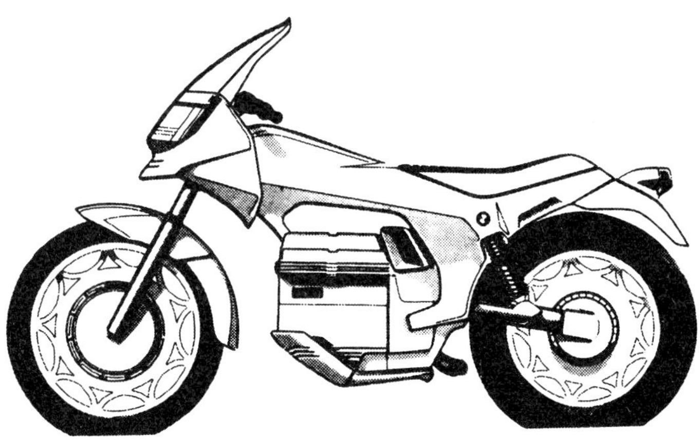

BMW Corsa Module

Modul-Design Studien der BMW-Entwicklungsingenieure

auf eine Maschine, die der technische Fortschritt sicherer, flotter und leistungsstärker als je zuvor machte. Dieses Verlangen, immer das neueste Modell zu besitzen, ist es, was die Voraussetzung für steigende Verkaufszahlen darstellt. Nur so kann es auch BMW gelingen, sich einen Absatzmarkt zu schaffen, der dem auf der Automobilseite adäquat ist.

Es gibt schon Händler, die sich für den Verkauf der teueren Modelle zu sogenannten Superbike-Zentren zusammenschließen. Es kann sein, daß bei der neuen Generation technisch hoch entwickelter Motorräder ein steigender Bedarf an spezialisierten Händlern entsteht, die es sich zur Aufgabe machen, mit schnell wechselnden Entwicklungstrends und mit Käufern fertig zu werden, die ihre Maschinen wie Hemden wechseln: Das wäre der Beginn des Luxus-Motorradhändlers.

Für die BMW-Motorräder dürfte die Zukunft eine Periode interessanter Aufgabenstellungen und Erneuerungen sein. Noch nie war das Motorrad generell populär, es gab immer Einschränkungen; für BMW muß es deshalb als eine hervorragende Leistung erscheinen, innerhalb der vergangenen 60 Jahre allen Schwierigkeiten zum Trotz die Produktion des in kleinen Stückzahlen handwerklich gefertigten Motorrads am Leben erhalten zu haben. Es ist faszinierend, daß BMW heute, frei und unabhängig wie immer, die Herausforderung der Konkurrenz annahm und ihr mit einem völlig neuen Image, befreit von — und doch behaftet mit — alten Traditionen und mit einer gänzlich neuen Technik entgegentritt.

Die neue BMW K 100

Anhang
60 Jahre BMW-Modellgeschichte

Modell	*Helios*	*R 32*	*R 37*	*R 39*	*R 42*
Motor-Typ	M2B15	M2B33 sv	M2B36 ohv	M40 ohv	M43 sv
Zylinder	2	2	2	1	2
Bohrung/Hub (mm)	68 x 68	68 x 68	68 x 68	68 x 68	68 x 68
Hubraum (cm^3)	494	494	494	247	494
Verdichtungsverhältnis	5:1	5:1	6,2:1	6:1	4,9:1
Leistung (PS)	6,5	8,5	16	6,5	12
U/min	2 800	3 300	4 000	4 000	3 400
Gänge	3	3	3	3	3
Kraftstoff-Tank (l)	keine Angabe	14	14	10	14
Gewicht (kg)	keine Angabe	120	134	110	126
Höchstgeschwindigkeit/h	keine Angabe	95	115	100	95
Verbrauch/100 km (l)	3	3,5	4	2,5	3
Baujahre	1921/1923	1923/26	1925/26	1925/27	1926/28
Stückzahlen	keine Angabe	3 100	175	1 000	6 900
Preis (RM)	keine Angabe	2 200	2 900	1 870	1 510

Modell	*R 47*	*R 52*	*R 57*	*R 62*	*R 63*
Motor-Typ	M51 ohv	M57 sv	M59 ohv	M56S1 sv	M60S1 ohv
Zylinder	2	2	2	2	2
Bohrung/Hub (mm)	68 x 68	78 x 63	68 x 68	78 x 78	83 x 68
Hubraum (cm^3)	494	487	492	745	734
Verdichtungsverhältnis	5,8:1	5:1	5,8:1	5,5:1	6,2:1
Leistung (PS)	18	12	18	18	24
U/min	4 000	3 400	4 000	3 400	4 000
Gänge	3	3	3	3	3
Kraftstoff-Tank (l)	14	12,5	12,5	12,5	12,5
Gewicht (kg)	130	152	150	155	155
Höchstgeschwindigkeit/h	110	100	115	115	115
Verbrauch/100 km (l)	4,5	3,5	3,5	5	5
Baujahre	1927/28	1928/29	1928/30	1928/29	1928/29
Stückzahlen	1 700	9 000	1 000	4 000	1 000
Preis (RM)	1 850	1 510	1 700	1 450	1 750

Modell	*R 11*	*R 16*	*R 2*	*R 4*	*R 12*
Motor-Typ	M56 sv	M60 ohv	M67S1 ohv	M69S1 ohv	M56S6 sv
Zylinder	2	2	1	1	2
Bohrung/Hub (mm)	78 x 78	83 x68	63 x 64	78 x 84	78 x 78
Hubraum (cm^3)	740	730	198	398	745
Verdichtungsverhältnis	5,5:1	6,5:1	6,7:1	5,7:1	5,2:1
Leistung (PS)	18	25	6	12	18
U/min	3 400	4 000	3 500	3 500	3 400
Gänge	3	3	3	3/4	4
Kraftstoff-Tank (l)	3	3	11	12	14
Gewicht (kg)	162	165	110	137	185
Höchstgeschwindigkeit/h	100	120	95	100	110
Verbrauch/100 km (l)	3,5	5	2,8	3,5	5,4
Baujahre	1929/34	1929/34	1931/36	1932/38	1935/38
Stückzahlen	8 300	1 900	15 300	15 200	36 000
Preis (RM)	1 630	2 040	975	1 150	1 630

Modell	*R 17*	*R 3*	*R 5*	*R 20*	*R 35*
Motor-Typ	M60S4 ohv	203/1	254/1	220/1	235/1
Zylinder	2	1	2	1	1
Bohrung/Hub (mm)	83 x 68	68 x 84	68 x 68	60 x 68	72 x 84
Hubraum (cm^3)	736	305	494	192	340
Verdichtungsverhältnis	6,5:1	6:1	6,7:1	6:1	6:1
Leistung (PS)	33	11	24	8	14
U/min	5 000	4 200	5 800	5 400	4 500
Gänge	4	4	4	3	4
Kraftstoff-Tank (l)	14	12,5	15	12	12
Gewicht (kg)	183	149	165	130	155
Höchstgeschwindigkeit/h	140	100	140	95	100
Verbrauch/100 km (l)	5	3	3,5	2.5	3
Baujahre	1935/37	1936	1936/37	1937/38	1937/40
Stückzahlen	450	750	2 600	5 000	15 387
Preis (RM)	2 040	995	1 550	725	996

Modell	*R 6*	*R 23*	*R 51*	*R 61*	*R 66*
Motor-Typ	261/1 sv	223/1	254/1	261/1 sv	266/1
Zylinder	2	1	2	2	2
Bohrung/Hub (mm)	70 x 78	68 x 68	68 x 68	70 x 78	69,8 x 78
Hubraum (cm^3)	596	247	494	596	597
Verdichtungsverhältnis	6:1	6:1	6,7:1	5,7:1	6,8:1
Leistung (PS)	18	10	24	18	30
U/min	4 800	5 400	5 600	4 800	5 300
Gänge	4	3	4	4	4
Kraftstoff-Tank (l)	15	9,6	14	14	14
Gewicht (kg)	175	135	182	184	187
Höchstgeschwindigkeit/h	125	90	140	115	145
Verbrauch/100 km (l)	3,5	3	4	4	4,5
Baujahre	1937	1938/41	1938/40	1938/41	1938/41
Stückzahlen	1 850	8 000	13 000	4 300	2 000
Preis (RM)	1 375	750	1 595	1 420	1 695

Modell	*R 71*	*R 75*	*R 24*	*R 25*	*R 51/2*
Motor-Typ	271/1 sv	275/2	224/1	224/2	254/1
Zylinder	2	2	1	1	2
Bohrung/Hub (mm)	78 x 78	78 x 78	68 x 68	68 x 68	68 x 68
Hubraum (cm^3)	745	745	247	245	494
Verdichtungsverhältnis	5,5:1	5,6:1	6,75:1	6,5:1	6,3:1
Leistung (PS)	22	26	12	12	24
U/min	4 600	4 000	5 600	5 600	5 800
Gänge	4	10	4	4	4
Kraftstoff-Tank (l)	14	24	12	12	14
Gewicht (kg)	187	420	130	140	185
Höchstgeschwindigkeit/h	125	95	95	95	140
Verbrauch/100 km (l)	4,5	6,3	3,5	3,5	4
Baujahre	1938/41	1941/44	1949	1950	1950
Stückzahlen	3 500	16 500	12 010	23 405	5 050
Preis	1 595 RM	Keine Angabe	1 750 DM	1 750 DM	2 750 DM

Modell	*R 51/3*	*R 25/2*	*R 67*	*R 68*	*R 25/3*	*R 26*
Motor-Typ	252/1	224/2	267/1	268/1	252/1	224/5
Zylinder	2	1	2	2	1	1
Bohrung/Hub (mm)	68 x 68	68 x 68	72 x 73	72 x 73	68 x 68	68 x 68
Hubraum (cm^3)	490	245	590	590	245	245
Verdichtungsverhältnis	6,3:1	6,4:1	5,6:1	7,6:1	7:1	7,5:1
Leistung (PS)	24	12	26	35	13	15
U/min	5 800	5 800	5 500	7 000	5 800	6 400
Gänge	4	4	4	4	4	4
Kraftstoff-Tank (l)	17	17	17	17	12	15
Gewicht (kg)	190	142	192	193	150	158
Höchstgeschwindigkeit/h	150	100	145	160	119	128
Verbrauch/100 km (l)	4,5	4,5	4,6	4,6	2,9	3,3
Baujahre	1951/54	1951/53	1952/54	1953/55	1955/60	1955/60
Stückzahlen	18 425	38 651	5 730	1 453	47 700	30 238
Preis DM	3 000	1 990	2 875	3 950	2 060	2 150

Modell	*R 50*	*R 69*	*R 60*	*R 27*	*R 50 S*	*R 69 S*
Motor-Typ	252/2	268/2	267/2	226/2	252/2	268/3
Zylinder	2	2	2	1	2	2
Bohrung/Hub (mm)	68 x 68	72 x 73	72 x 73	68 x 68	68 x 68	72 x 73
Hubraum (cm^3)	400	590	590	245	490	590
Verdichtungsverhältnis	6,8:1	8:1	6,5:1	8,2:1	9,2:1	9,5:1
Leistung (PS)	26	35	28	18	35	42
U/min	5 800	6 800	5 600	7 400	7 650	7 000
Gänge	4	4	4	4	4	4
Kraftstoff-Tank (l)	17	17	17	15	17	17
Gewicht (kg)	195	202	195	162	198	202
Höchstgeschwindigkeit/h	140	165	145	130	160	175
Verbrauch/100 km (l)	4,5	4,6	4,2	3,9	5,1	5,3
Baujahre	1955/60	1955/60	1956/67	1960/67	1960/62	1960/69
Stückzahlen	32 532	2 819	20 828	15 364	1 634	11 417
Preis DM	3 050	3 950	3 235	2 430	3 535	4 030

Modell	*R 50/5*	*R 60/5*	*R 75/5*	*R 60/6*	*R 75/6*	*R 90/6*
Motor-Typ	246	246	246	247	247	247
Zylinder	2	2	2	2	2	2
Bohrung/Hub (mm)	67 x 70,6	73,5 x 70,6	82 x 70,6	73,5 x 70,6	82 x 70,6	90 x 70,6
Hubraum (cm^3)	494	599	745	599	745	898
Verdichtungsverhältnis	8,6:1	9,2:1	9:1	9,2:1	9:1	9:1
Leistung (PS)	32	40	50	40	50	60
U/min	6 400	6 400	6 500	6 500	6 500	6 500
Gänge	4	4	4	5	5	5
Kraftstoff-Tank (l)	22	22	22	18	18	18
Gewicht (kg)	185	190	190	200	200	200
Höchstgeschwindigkeit/h	157	167	175	167	177	188
Verbrauch/100 km (l)	4,6	4,8	4,5	5,5	4,5	5
Baujahre	1969/73	1969/73	1969/73	1973/76	1973/76	1973/76
Stückzahlen	8 650	22 721	38 370	13 511	17 587	21 105
Preis DM	4 295	5 465	5 615	5 745	6 650	7 150

Modell	*R 90S*	*R 60/7*	*R 75/7*	*R 100/7*	*R 100/S*	*R 100 RS*
Motor-Typ	247	247/76	247/76	247/76	247/76	247/76
Zylinder	2	2	2	2	2	2
Bohrung/Hub (mm)	90 x 70,6	73,5 x 70,6	82 x 70,6	94 x 70,6	94 x 70,6	94 x 70,6
Hubraum (cm^3)	898	599	745	980	980	980
Verdichtungsverhältnis	9,5:1	9,2:1	9:1	9:1	9,5:1	9,5:1
Leistung (PS)	67	40	50	60	65	70
U/min	7 000	6 400	6 200	6 500	6 600	7 250
Gänge	5	5	5	5	5	5
Kraftstoff-Tank (l)	24	24	24	24	24	24
Gewicht (kg)	205	195	195	195	200	210
Höchstgeschwindigkeit/h	200	167	177	188	200	200
Verbrauch/100 km (l)	5	5,5	4,5	4,5	5,3	5,3
Baujahre	1973/76	1976/79	1976/79	1976/79	1976/80*	1976/80*
Stückzahlen	17 464	46 747	61 676	18 826	12 393*	21 557*
Preis DM	8 510	6 850	7 985	8 590	10 190*	11 210*

Modell	*R 80/7*	*R 100 RS*	*R 100 RT*	*R 100 CS*	*R 100*	*R 80G/S*
Motor-Typ	247/76	247/76	247	247	247	247
Zylinder	2	2	2	2	2	2
Bohrung/Hub (mm)	84,8 x 70,6	94 x 70,6	94 x 70,6	94 x 70,6	94 x 70,6	84,4 x 70,6
Hubraum (cm^3)	798	980	980	980	980	798
Verdichtungsverhältnis	9,2:1	9,5:1	9,5:1	9,5:1	8,2:1	8,2:1
Leistung (PS)	55 (50)**	70	70	70	67	50
U/min	7 000	7 000	7 000	7 000	7 000	6 500
Gänge	5	5	5	5	5	5
Kraftstoff-Tank (l)	24	24	24	24	24	19,5
Gewicht (kg)	195	210	217	200	198	167
Höchstgeschwindigkeit/h	180 (170)**	200	190	200	195	168
Verbrauch/100 km (l)	4,8 (5)**	5,75	5,75	5,75	5,5	5
Baujahre	1976/79	seit 1976	seit 1980	seit 1976	seit 1976	seit 1980
Stückzahlen	14 038	21 557*	10 080*	keine Angabe	12 393*	1 666*
Preis DM (1983)	keine Angabe	13 990	13 990	11 590	10 590	8 990

Modell	*R 65*	*R 45*	*R 65 LS*	*R 80 ST*	*R 80 RT*
Motor-Typ	248	248	248	247	247
Zylinder	2	2	2	2	2
Bohrung/Hub (mm)	82 x 61,5	70 x 61,5	82 x 61,5	70,6 x 84,4	70,6 x 84,4
Hubraum (cm^3)	650	473	650	798	798
Verdichtungsverhältnis	9,2:1	9,2:1 (8,2:1)**	9,2:1	8,2:1	8,2:1
Leistung (PS)	50	35 (27)**	50	50	50
U/min	7 250	7 250 (6 500)**	7 250	6 500	6 500
Gänge	5	5	5	5	5
Kraftstoff-Tank (l)	22	22	22	19	24
Gewicht (kg)	185	185	185	198	234
Höchstgeschwindigkeit/h	175	160 (145)**	180	174	161
Verbrauch/100 km (l)	4,6	4,5 (5)**	4,6	5	5,5
Baujahre	seit 1978	seit 1978	seit 1981	seit 1982	seit 1982
Stückzahlen	14 254	17 488	keine Angabe	keine Angabe	keine Angabe
Preis DM	8 390	6 990	8 990	9 490	10 900

* nur bis 1980
** Version mit 27 PS